中/华/少/年/信/仰/教/

中国古代英雄豪杰

中华少年信仰教育读本编写委员会 / 编著

信仰创造英雄　信仰照亮人生

中国出版集团有限公司

世界图书出版公司
北京　广州　上海　西安

图书在版编目（CIP）数据

中国古代英雄豪杰 / 中华少年信仰教育读本编写委员会编著 . — 北京：世界图书出版公司，2016.5（2024.5 重印）
 ISBN 978-7-5192-0872-1

Ⅰ.①中… Ⅱ.①中… Ⅲ.①历史人物—生平事迹—中国—古代—青少年读物 Ⅳ.① K820.2-49

中国版本图书馆 CIP 数据核字 (2016) 第 051645 号

书　　名	中国古代英雄豪杰 ZHONGGUO GUDAI YINGXIONG HAOJIE
编　　著	中华少年信仰教育读本编写委员会
总 策 划	吴　迪
责任编辑	刘梦娜
特约编辑	滕伟喆
出版发行	世界图书出版有限公司北京分公司
地　　址	北京市东城区朝内大街 137 号
邮　　编	100010
电　　话	010-64033507（总编室）　（售后）0431-80787855　13894825720
网　　址	http://www.wpcbj.com.cn
邮　　箱	wpcbjst@vip.163.com
销　　售	新华书店及各大平台
印　　刷	北京一鑫印务有限责任公司
开　　本	165 mm×230 mm　1/16
印　　张	11.5
字　　数	150 千字
版　　次	2016 年 8 月第 1 版
印　　次	2024 年 5 月第 5 次印刷
国际书号	ISBN 978-7-5192-0872-1
定　　价	45.00 元

版权所有　翻印必究

（如发现印装质量问题或侵权线索，请与所购图书销售部门联系或调换）

序　言

　　信仰是什么？

　　列夫·托尔斯泰说："信仰是人生的动力。"

　　诗人惠特曼说："没有信仰，则没有名副其实的品行和生命；没有信仰，则没有名副其实的国土。"

　　信仰主要是指人们对某种理论、学说、主义或宗教的极度尊崇和信服，并把它作为自己的精神寄托和行动的榜样或指南。信仰在心理上表现为对某种事物或目标的向往、仰慕和追求，在行为上表现为在这种精神力量的支配下去解释、改造自然界和人类社会。

　　信仰，是一个人在任何时候都不能丢的最宝贵的精神力量。人有信仰，才会有希望、有力量，才会树立正确的价值观，沿着正确的道路前行，而不至于在多元的价值观和纷繁复杂的世界中迷失方向。

　　信仰一旦形成，会对人类和社会产生长期的影响。青少年是社会的希望和未来的建设者，让他们从普适意识形成之初就接受良好的信仰教育，可以令信仰更具持久性和深刻性，可以使他们在未来立足于社会而不败，亦可以使我们的伟大祖国永远立于世界民族之林。

　　事实上，信仰教育绝不是抽象的、概念化的教育，现实生活中，我们有无数可以借鉴的素材，它们是具体的、形象的、有形的、活生生的，甚至是有血有肉的。我们中华民族有着几千年的辉煌历史，多少仁人志士只为追求真理、捍卫真理，赴汤蹈火，前仆后继；多少文人骚客只为争取心中的一方净土，只为渴求心灵的自由逍遥，甘于寂寞，成就美名；多少爱国志士只为一个"义"字，不惜抛头颅、洒热血。他们如滚滚长江中的朵朵浪花，翻滚激荡，生生不息，荡人心魄。如果我们能继承和发扬这些精神和信仰，用"道"约束自己的行为，用"德"指导人生的方向，那么我们的文明必将更加灿烂，我们的国运必将更加昌盛。

正基于此，"中华少年信仰教育读本系列丛书"应运而生。除上述内容外，本丛书还收录了中国人民百年来反对外来侵略和压迫，反抗腐朽统治，争取民族独立和解放，前赴后继，浴血奋斗的精神和业绩，尤其是中国共产党领导全国人民为建立新中国而英勇奋斗的崇高精神和光辉业绩；不仅有中国历史上涌现出的著名爱国者、民族英雄、革命先烈和杰出人物，还有新中国成立以后涌现出的许许多多的英雄模范人物。

阅读这套丛书，能帮助青少年树立自己人生的良好的偶像观，能帮助青少年从小立下伟大的志向，能帮助青少年培养最基本的向善心，能帮助青少年自觉调节自己的行为，能帮助青少年锁定努力的方向，能帮助青少年增加行动的信心和勇气。

习近平总书记说："人民有信仰，民族才有希望，国家才有力量。"因此我们有理由相信：少年有信仰，国家必有希望。

中华少年信仰教育读本编写委员会

目 录

第一章　先秦的英雄豪杰 / 001

曹　刿 / 001

田穰苴 / 004

田　单 / 007

孙　武 / 011

孙　膑 / 015

吴　起 / 018

李　牧 / 021

乐　毅 / 023

蒙　恬 / 025

第二章　汉晋的英雄豪杰 / 028

韩　信 / 028

周亚夫 / 031

李　广 / 035

卫　青 / 038

霍去病 / 041

赵充国 / 044

冯奉世 / 047

陈　汤 / 050

冯　异 / 053

马　援 / 055

班　超 / 058

段　颎 / 061

关　羽 / 063

张　飞 / 066

周　瑜 / 068

吕　蒙 / 072

陆　逊 / 074

杜　预 / 077

祖　逖 / 078

陶　侃 / 081

檀道济 / 082

第三章　隋唐的英雄豪杰 / 085

贺若弼 / 085

杨　素 / 088

长孙晟 / 090

李　靖 / 092

尉迟恭 / 094
苏定方 / 096
李　勣 / 098
薛　礼 / 099
唐休璟 / 101
郭子仪 / 102
李光弼 / 105
浑　瑊 / 106

第四章　大宋的英雄豪杰 / 109

杨　业 / 109
杨延昭 / 112
种世衡 / 115
王　韶 / 117
狄　青 / 119
宗　泽 / 121
岳　飞 / 123
韩世忠 / 126
吴　玠 / 128
孟　珙 / 131

刘　锜 / 132

虞允文 / 135

辛弃疾 / 136

文天祥 / 138

李庭芝 / 141

第五章　明清的英雄豪杰 / 144

徐　达 / 144

于　谦 / 146

俞大猷 / 150

戚继光 / 152

袁崇焕 / 155

郑成功 / 157

林则徐 / 159

关天培 / 161

左宗棠 / 164

聂士成 / 166

冯子材 / 171

刘永福 / 173

第一章 先秦的英雄豪杰

曹刿

> 夫战，勇气也。一鼓作气，再而衰，三而竭。彼竭我盈，故克之。夫大国，难测也，惧有伏焉。吾视其辙乱，望其旗靡，故逐之。
>
> ——曹刿

介绍

曹刿，春秋时期鲁国人，精武艺，通谋略，善用兵。在鲁国危难之际挺身而出，自告奋勇担任主帅。齐鲁长勺之战，以弱胜强，拯救了鲁国。

立志报国

曹刿出身于鲁国都城附近的乡间庶民之家，自幼勤奋好学，有一副侠义心肠。在劳动生产之余随人学习武艺，间或研读兵书。长久坚持，武艺超群，精通韬略，学得满腹经纶。

在曹刿研习兵法、精练武艺之时，有不少乡民

嘲笑他，说：这带兵打仗是那些"食肉者"之事，你一个吃素的布衣平民，不好好耕田种地，整日舞枪弄棒岂不是不务正业？曹刿听到这些议论总是一笑置之。

曹刿长年坚持习武弄枪、研究军事，经常组织乡间邻居比武打擂，并且常常取胜，慢慢他的名气大了起来。乡间的有识之士，见曹刿是为将之才，对他说："依你的本事当个大将军是没问题的，何不入都城见国君去谋求个职位？"

曹刿坦率地说："我习武并非为谋求一官半职，而是出于我的爱好。现在是和平时期，军队的官职被那些贵族把持，不会有我们平民百姓的份儿，等到国家遇到危难之时，我所学的东西就有用了。到那时即使仍无官职，我也会入朝求战的。"曹刿依然过着日出而作、日落而息的乡民生活。

成名之战

公元前684年，齐桓公即位。鲁庄公准备起兵讨伐齐国。

齐桓公召集大臣议论鲁国讨伐之事。管仲劝齐桓公，认为军政未定，不可急于用兵。齐桓公不听，认为应该先下手为强，遂令鲍叔牙为将，率兵直接攻打鲁国的长勺（今山东省曲阜北）。

鲁国的大夫将领们面对来势凶猛的齐国大军，吓傻了，个个不知所措。齐国大军逼近长勺，敌兵压境，无将出战，鲁国危在旦夕。

国难当头，曹刿觉得自己的用武之地来了，于是他请求进见庄公。他的同乡说："这是做高官、得厚禄的人谋划的事，你又何必参与呢？"

曹刿回答说："居高官得厚禄的人眼光短浅，不能够深谋远虑。"于是进朝拜见鲁庄公。

鲁庄公看到请战的人是一介草民，大失所望，打算和曹刿随便聊两句后将其打发，谁知曹刿上来直接开口质问鲁庄公："靠什么去打仗？"

鲁庄公说："衣服食品这类养生的东西，我从来不敢独自享受，一定要把它分给别人。"

曹刿回答说："这种小恩小惠没有遍及百姓，所以老百姓是不会跟从您的。"

"祭祀用的猪牛羊、玉器和丝织品等，我不敢虚报夸大，一定要对神说实话。"鲁庄公说。

曹刿回答说："这只是小信用，不能受到神灵的充分信任，神灵是不会赐福给您的。"

鲁庄公说："大大小小的诉讼案件，即使不能做到一一查清断明，但一定尽力根据实际情况，慎重处理。"

曹刿回答说："这是尽了本职的一类事情，可以凭借这个条件打一仗。如果作战，就请允许我跟随着去。"

经过一番交谈，鲁庄公发现曹刿很有才华，决定用他为将，率兵抵抗齐国。

在长勺，鲁国与齐国交战，鲁庄公和曹刿共坐一辆战车。鲁庄公想击鼓进军，曹刿说："还不行。"等齐军三次击鼓，曹刿说："现在行了。"

鲁国军队发起进攻，齐军大败。鲁庄公想驱车追击。曹刿说："还不行。"他下了车，察看齐军的车轮滚过地面留下的痕迹，又登上车，扶着车前横木来瞭望齐军，说："现在行了。"于是追击齐军，获得了胜利。

庄公问曹刿取胜的原因，曹刿回答说："作战，靠的是勇气。第一次击鼓，能够振作士兵们的勇气，第二次击鼓，士气就减弱了，第三次击鼓，士气就衰竭了。他们士气枯竭，我们士气正旺盛，所以战胜了他们。齐是大国，难以推测他的情况，恐怕有埋伏，我看到他们的车印混乱了，军旗也倒下了，所以下令追击他们。"

田穰苴

余读《司马兵法》，闳廓深远，虽三代征伐，未能竟其义，如其文也，亦少褒矣。若夫穰苴，区区为小国行师，何暇及《司马兵法》之揖让乎？世既多《司马兵法》，以故不论，著穰苴之列传焉。

——司马迁

介绍

田穰苴又称司马穰苴，春秋末期齐国人。中国古代著名军事家，著有《司马穰苴兵法》。曾率齐军击退晋、燕入侵之军，因立功被封为大司马，后也以司马为姓氏。

立志报国

田穰苴所属的田氏家族在齐国是名门望族，田氏的祖先陈完是陈厉公的儿子，齐桓公时，陈国发生了内乱，陈完为避祸跑到齐国，改姓田氏。田穰苴也是陈完的后代，但不是嫡传，而是庶出的平民

布衣，因此地位卑贱，虽然长期于间伍之中，才能出众，战功卓著，但因出身不是贵族，所以一直没有被提拔重用。

大振齐国

公元前547年，齐庄公因为与大夫崔杼的妻子棠姜私通，被崔杼杀死，于是齐国国政掌于崔杼之手。崔杼乃立齐庄公的异母弟杵臼为齐国国君，是为齐景公。

齐景公虽有王霸之心，而无王霸之才，在位期间，贪图淫乐，不恤民力。他为了满足享乐需求，对人民盘剥无度，农民的收成要上交三分之二的重税，以致民不聊生、众怨沸腾。

齐国的邻邦晋国、燕国，见齐国政治日渐混乱，以为有机可乘，遂先后入犯。晋军侵犯齐国的阿、甄两邑，燕军则一路打过齐国境内的黄河，齐军大败，齐都临淄顿时岌岌可危。

齐景公在此危难之际，早已束手无策。此时，朝中的贤相晏婴，建议齐景公用田穰苴为将，说："穰苴虽田氏庶孽，然其人文能附众，武能威敌，愿君试之。"

齐景公召见了穰苴，跟他共商军国大事，随即任命他为将军，率兵去抵抗燕、晋两国的军队。

穰苴说："我的地位一向是卑微的，君王把我从平民中提拔起来，置于大夫之上，士兵们不会服从，百姓也不会信任。人的资望轻微，权威就树立不起来。希望能派一位君王宠信、国家尊重的大臣，来做监军才行。"齐景公答应了他的要求，派庄贾去做监军。

穰苴向景公辞行后，便和庄贾约定说："明天正午在营门会齐。"

第二天，穰苴率先赶到军门，立起了计时的木表和漏壶，等待庄贾。但庄贾一向骄盈显贵，认为率领的是自己的军队，自己又做监军，就更不着急，此刻的他正在家享受着亲朋好友们的饯行，已经到了正午，庄贾还没出门。

穰苴打倒木表，摔破漏壶，进入军营，巡视营地，整饬军队，宣布了各种规章号令。等他部署完毕，已是日暮时分，庄贾这才到来。穰苴说："为什么约定了时刻还迟到？"庄贾表示歉意地解释说："朋友亲戚们给我送行，所以耽搁了。"穰苴说："身为将领，从接受命令的那一刻起，就应当忘掉自己的家庭；来到军队宣布规定号令后，就应忘掉私人的交情；擂鼓进军，战况紧急的时刻，就应当忘掉自己的生命。如今敌人侵略已经深入国境，国内骚乱不安，战士们已在前线战场暴露，无所隐蔽，国君睡不安，吃不下，全国百姓的生命都维系在你的身上，还谈得上什么送行呢！"于是把军法官叫来，问道："军法上，对约定时刻迟到的人是怎么说的？"回答说："应当斩首。"

庄贾很害怕，派人飞马报告齐景公，请他搭救。报信的人还没来得及返回，庄贾已被斩首，并向三军巡行示众，全军将士都震惊异常。

过了好长时间，齐景公派的使者才拿着节符来赦免庄贾。车马飞奔直入军营，面对使者，穰苴说："将在外，君令有所不受。"又问军法官说："驾着车马在军营里奔驰，军法上是怎么规定的？"军法官说："应当斩首。"使者异常恐惧。穰苴说："国君的使者不能斩首。"于是斩了使者的仆从，砍断了左边的夹车木，杀死了左边驾车的马，向三军巡行示众。接着让使者回去向齐景公报告，然后军队出发了。

士兵们安营扎寨，掘井立灶，饮水吃饭，探问疾病，安排医药，田穰苴都亲自过问并抚慰他们。他还把自己作为将军专用的物资粮食全部拿出来分给士兵，自己和士兵一样平分粮食，把体弱有病的士兵统计出来。三天后重新整训军队，准备出战。病弱的士兵也都要求同他一起奔赴战场。

晋国军队知道了这种情况，就把军队撤回去了。燕国军队知道了这种情况，因渡黄河向北撤退而分散松懈，于是齐国的军队趁势追击，收复了所有沦陷的领土，然后率兵凯旋。齐景公亲自率领文武百官到城外来迎接，并任命田穰苴为大司马。

田 单

楚有申包胥，而昭王反位；齐有田单，襄王得国。由此观之，国无贤佐俊士，而能以成功立名，安危继绝者，未尝有也。

——刘向

介绍

田单，战国时期齐国的名将，出生于当时的齐国都城临淄，是国君的远亲。田单一开始只是一名籍籍无名的小官，后来燕国大将乐毅进攻齐国，田单坚守城池，拒不投降，表现了异于常人的勇气和智谋，得到了国君的重用，被齐襄王任为宰相，封安平君。

先见之明

战国时齐国的国君姓田，田单是国君的远房亲戚。他年轻的时候，当过齐国国都临淄城内的一个小官。后来，燕国的大将乐毅率五国联军攻打齐国，齐军被打得大败，齐愍王最后逃向东方的莒城，田单和官员、贵族们也纷纷逃亡。当田单从临淄逃到安平（在临淄东）时，他对同族人说："你们赶快把所有车辆的车轴的头截去，并在车轴上安上牢固的铁条。"族人问他原因，他说："过几天你们就晓得了。"族人照他的话办了。

不久，燕军又进攻安平，齐国的贵族、官员、老百姓纷纷逃离安平，由于道路狭小，逃亡的人太多，东去的道路阻塞了。那些乘着车子的贵族、官员们，不顾前面的行人和车辆，争先恐后地抢道，结果车子之间突出的车轴头碰撞在一起，造成车轴折断，车辆损坏，贵族们再也动不得身，燕军赶来，统统当了俘虏。唯独田单一族人事先截断了轴头，加固了车轴，在东逃时车辆没有损坏，没有被燕军抓住，终于到达了东方的即墨城。

乐毅率领的燕军攻占了齐国七十多座城市，占领了齐国大部分地方，只有莒和即墨两城仍由齐国军队把守着。即墨城中的贵族、官员们觉得田单懂得用兵，就公推田单为将军，准备抗击燕军。

火牛阵破燕

乐毅虽攻下了齐国绝大部分的地区，但仍然攻不下莒和即墨两座城市。后来，燕国的新国王燕惠王即位，觉得乐毅指挥着燕国全部军队留在齐国几年不回，开始对乐毅产生了怀疑。田单听到这个消息后，暗中派人去燕国，散布流言蜚语，说乐毅长期居留齐国，是想自己在齐国当王。燕王听信了这些流言蜚语，对乐毅更加怀疑了，他下令免掉乐毅的官，叫一个不懂用兵的骑劫去代替乐毅指挥军队。

乐毅被迫离开了军队，燕国的将士们都为乐毅愤愤不平。田单让即墨城中的居民，每天吃饭前先在庭园中祭祀祖先，吸引了一群群飞鸟从城外飞进城内来觅食。燕国将士不知城内发生了什么事，都很奇怪，连齐国的将士都不知道田单的用意何在。一天，田单召开了一个军事会议，郑重地向将士宣布说："我得到了天的指示，将有神仙下凡，来教我军法，所以我们要恭恭敬敬地祭祀呵！"他命令城中人宣传神仙将要下凡当田单的老师。这时，有个年纪很小的士兵对田单的话将信将疑，见了田单就嬉皮笑脸地说："田将军哪，我可以做您的老师吗？"说完就哈哈大笑起来。这个小兵正要走出去时，田单恭恭敬敬地从座位上站了起来，请他回来，让他坐在面向东面的军师的座位上，向他恭敬地行起礼来，称他为师。小兵说："我是讲句开玩笑的话，田将军怎么当真了呢？我怎么能当您的老师呢？"田单把嘴凑在他的耳朵边说："你讲的我晓得。你就当我的老师，一切照我的话办理，我自有道理。"从此，田单就尊称他为神师，经常和他讨论军事，对他极为尊敬。齐国的将士们真的以为这个小兵就是神仙下凡，觉得田单得到了神仙的帮助，对打败燕国更有信心了，斗志更旺盛了。这时，田单派人化装出城，宣传齐军得到了神仙的帮助，燕军的将士有些害怕起来。田单又派人出城宣传说："田单最害怕的事，就是燕军割去被俘的齐国将士的鼻子，并叫他们作为前锋来攻打即墨，这样即墨城的齐国人见到就害怕了，即墨也就守不住了！"燕军听到了，真的把俘虏来的齐国人的鼻子统统割去了。即墨城中的齐国军民见到被俘的人都给割了鼻子，愤怒异常，更加坚守即墨，唯恐被燕军抓去。

田单又派人化装出城放风说："田单最怕的事，是燕国军队在城外挖掘齐国将士祖宗的坟墓，侮辱齐国人的祖先。这是使齐国人最害怕的事了。"燕军听到后，果真把城外齐国人的坟墓统统刨开，挖出的死人用火烧掉。齐国军民从即墨城上望见燕军在挖他们的祖坟，纷纷痛哭起来，个个对燕军咬牙切齿，决心在田单的统率下，出城和燕军决战。田单看到即墨城内军民杀敌复仇的信心和决心调动了起来，于是他穿着士兵的服装，拿着普通的防城工具，和士兵们一起操练、一起守城。田单的妻子和其他家属也编进了军队。他还把家里吃的用的东西都分给了士兵。即墨城内的军民更加称颂和信任田单了。

　　田单看到击破燕军的条件已经具备，便叫城内强壮的兵丁都埋伏起来，由老、弱、妇、幼守城。他派使节出城，对燕将骑劫说："城内青壮年死得差不多了，粮食也快吃完了，田将军愿意投降燕军。"燕军将士很高兴。田单又暗中叫即墨城里的富人，拿着黄金去送给燕军的将官，请求开城投降，这让燕军将士对投降更加深信不疑了，就收下了黄金，同意了富人们的要求。这些消息很快在燕军士兵内传开了。从此，燕军的将领准备着齐军前来投降，再也不去检查、训练军队了，燕军士兵也随时准备进城，斗志开始松懈低落。

　　田单在即墨城内收集了一千多头健壮的黄牛，并给这些牛穿上了大红色的丝绸衣服，在丝衣上画上龙和五彩古怪的花纹，在牛的两个角上扎上两把尖刀，在牛的尾巴上扎上了浸透油脂的苇草。当夜，齐军偷偷地凿开了城墙。半夜以后，田单下令把牛群牵到城墙的缺口，用火点着了牛尾巴后的苇草，火烧到了牛的尾巴，牛群受痛惊叫着冲入燕军营垒，五千名精锐的齐军紧紧地跟随在牛的后面，即墨城内的老百姓也一齐敲锣打鼓齐声呐喊。燕军将士正在熟睡，突然听到锣鼓齐鸣，呼声动地，睁眼一看一片火光，急忙起身。这时一群群身穿"神仙"衣服，头长着尖刀，身后一团烈火的"神兽"已经冲了进来。燕兵以为天兵天将下凡，吓得手足无措，乱成一团。有的刚刚在床上爬起，就被火牛撞倒踩伤；有的想拿武器来抵抗，已被牛头上的尖刀刺倒在地；有的想夺路冲出，又被浓烟烈火熏到烧伤。燕军大溃，齐军五千人乘势进攻，杀死了燕将骑劫。燕军更加心慌意乱，个个夺路逃命，齐军猛追。被占领的齐国地区的人民也纷纷起来围追堵截败退的燕军。田单的军队得到了齐国上下的支持，越战越强，一直乘胜把燕军驱出了齐国，被燕军占领的七十多座城重新为齐军所控制。齐国复国后，田单把齐襄王迎回临淄，齐襄王把安平封给了田单，田单从此又称安平君。

田单出奇制胜，用火牛阵破燕的故事，说明田单能够在敌强我弱的形势下，做到知己知彼，制定正确的战略战术，一面团结人民，鼓舞士气，养精蓄锐，壮大自己的力量，一面尽量利用和扩大敌人的矛盾和弱点，用麻痹和迷惑的办法使敌人一再上当受骗，终于取得了历史上常为人们所称道的火牛阵破燕的军事胜利。田单不愧为战国时一位杰出的爱国名将。

孙　武

　　胜可知，而不可为。不可胜者，守也；可胜者，攻也。守则有余，攻则不足。善守者，藏于九地之下；善攻者，动于九天之上。

——孙武

介绍

　　孙武，著名军事家。字长卿，春秋末期齐国人。任吴国将军，辅佐吴王阖闾实施富国强兵、待机而动、分兵轮番袭楚的策略，使吴国由弱变强。其著有巨作《孙子兵法》十三篇，被后世誉为"兵学圣典"。

立志报国

孙武以兵法进见吴国国王阖闾，阖闾说："你的十三篇兵法，我都看过了，可以用来小试一下练练兵吗？"孙武回答说："可以。"阖闾又问："可以用妇人来试试吗？"孙武回答："可以。"

于是吴王派出宫中美女一百八十人。孙武把她们分为两队，让吴王宠爱的两个妃子分任队长，命令所有的人都拿着戟。向她们下令说："你们知道你们的心、背和左右手吗？"妇人回答说："知道。"孙武说："向前，就看心所对的方向；向左，看左手方向；向右，看右手方向；向后，就看背的方向。"妇人说："是。"军法纪律已经宣布完，孙武又立起军中的刑具，三番五次地讲解纪律。可是等到击鼓传令她们向右看时，宫女们却觉得十分好玩，放声大笑起来。

孙武说："纪律不明确，申述的命令不能让人熟记在心，这是将帅的罪过。"于是又三番五次地宣讲纪律命令，而后击鼓传令向右，宫女们仍旧大笑不止。孙武说："纪律不明确，申述的命令不能让人熟记在心，是将帅的罪过；既然已经明确了却不依照法令去做，这就是下级士官的罪过了。"说着要将左右两个队长推出斩首。

吴王从台上看到自己的两个爱妃将被斩首，大为惊骇，赶忙派遣使者传令说："我已经知道将军您能用兵了。我如果没有这两个妃子，吃东西都没有味道，希望不要斩杀她们。"孙武说："我既然已经受命为将，将在军，君命有所不受。"说完就把两个队长斩首示众。任用下一名宫女为队长，于是又击鼓发令。宫女们没有再敢出声嬉笑的了，做出的向左右前后、跪起等动作都符合军令要求。

孙武派遣使者报告吴王说："队伍已经操练整齐，大王您可以下来校阅，只要是您想要用到她们的地方，即使要她们赴汤蹈火也是可以的。"吴王说："算了，我不想下去看。"孙武说："大王您仅仅是喜好兵法的言辞，并不能把它们用到实处。"

自此，阖闾知道孙武善于用兵，于是用他为将。

大败楚军

公元前506年，北方大国晋国指使附属国蔡国灭掉了附属于楚国的沈国。把持楚国朝政的令尹囊瓦便调动楚军主力攻蔡。蔡昭侯向吴国求救，并把儿子送入吴国做人质。

吴王邀孙武计议出兵与否，孙武说："新即位的楚昭王年轻无能、昏庸透顶，令尹专横跋扈、妒贤害能，内部矛盾重重，如此状态还敢出兵于外，哪有不亡的道理？"

吴王决意出兵攻楚，名义上是解蔡国之围，实际上是想乘机灭楚。吴国发水陆精兵三万，命孙武为大将，伍员、伯嚭为副将，夫概为前锋，乘舟西进攻楚。楚国令尹囊瓦见吴军来攻，只好撤去蔡国之围，收缩部队，以汉水为界，凭险据守。

吴军很快行军到达蔡国，之后，孙武根据楚国凭水设防的特点突然改编军队，改变进军路线，弃舟而登陆，率主力直插楚国内地。伍员不解，担心地问："吴军素习水战，今弃舟而登陆，将军可有

获胜的把握？"

孙武胸有成竹地说："君不闻出其不意，攻其不备？我出水陆两师且自水路而来，敌以为我必经汉水，那样舟行逆水，行动迟缓，敌人有备，不易取胜。今我弃舟登陆，直插敌后，出敌于不意，打它个措手不及。陆战虽不是我军之长，但打敌于不意之中足可弥补此短．故此，吾料定能胜敌。"

"真是妙计！"伍员说。

于是，孙武率军经预章穿越大、小别山，突然出现在汉水左岸。楚将得知消息，乱了阵脚。加之主将内部意见不一，急于与吴军决战，三军全部渡过汉水直扑大、小别山与吴军寻战。孙武有目的地引导楚军分散进攻，然后寻机反击，三战三捷，楚军狼狈回撤。吴军一路追击，队伍到达清发时，终于赶上了楚国败军。孙武令吴军暂缓进攻，以防困兽犹斗、狗急跳墙，故意放他们渡河而去。但当楚军渡过一半人马时，孙武命令进攻，消灭未渡过河的楚军。随后，吴军渡河继续追赶。遇上前来支援的楚军左司马沈尹戍的部队,孙武以迅雷不及掩耳之势发起强攻,大败楚军沈部,沈尹戍身亡,楚军全线崩溃,郢都暴露于吴军兵锋之下。

孙武与吴王继续挥师猛打,直捣楚国郢都。守城楚军望风而逃,楚昭王带着妹妹和几个亲信逃跑,楚都陷落。孙武指挥吴军,以三万击二十余万大军,十一天行军七百里,五战五捷,最终攻克楚国都城,使楚国从此一蹶不振。

孙　膑

> 故圣人以万物之胜胜万物,故其胜不屈。战者,以形相胜者也。
>
> ——孙膑

介绍

孙膑,著名军事家。战国时期齐国人,生于阿、鄄地区(今山东省阳谷县、菏泽市一带),是孙武的后代。曾与庞涓同学兵法,后庞涓为魏惠王将军,诳他到魏国,处以膑刑(除去膝盖骨),故称孙膑。后经齐国使者秘密载回,被齐威王任为军师,先后大败魏军于桂陵和马陵。著有《孙膑兵法》。

忍辱报国

青少年时期的孙膑,拜隐士鬼谷子为老师,研习用兵之道。鬼谷子收徒多人,和孙膑同时在鬼谷子门下求学的人中,有一个叫庞涓。他聪明好学,求功名之心迫切,他和孙膑很要好,但性格截然不同,孙膑忠厚宽容,用心求学,而庞涓性情刁钻,狡猾奸诈,追名逐利,急于求成。

有一天，庞涓听说魏国招用将才，就向老师请求下山求官。庞涓得到老师鬼谷子的准许后，马上起程，孙膑将其送到山下。庞涓巧言道："我与兄情同手足，愿富贵同享，这次出山如能得一官半职，一定引荐兄长。"孙膑忠厚，深受感动，洒泪而别。鬼谷子看到孙膑心存忠厚，将其祖上的《孙子兵法》十三篇传授给他，希望将来他能成大器，保卫家园免受灾祸。

庞涓下山到魏国见了魏惠王，惠王与他谈论用兵之道，他把所学的兵法统统道出，唯恐遗漏。魏惠王听后大喜，封庞涓为元帅兼军师。庞涓的儿子和侄子们也都封为列将。

学者墨子在山中游历时，前来拜访鬼谷子，见到孙膑正与鬼谷子讨论用兵之道，谈吐不凡，就对孙膑说："你的学业已完成，具备了做大事的才能，为什么不出山谋取功名，而躲在山泽之中空谈呢？"孙膑告诉他，师弟庞涓已答应功成之后引荐。墨子许诺下山之后到魏国去看看庞涓有没有举荐他的意思。

墨子来到魏国之后，发现庞涓正在自己的府中享乐，根本就不记得给魏惠王引荐孙膑的事情。墨子亲自来到王宫，向魏惠王推荐孙膑，说："孙膑得到祖传用兵秘诀，用兵如神，无人能敌。"魏惠王想，既然孙膑和庞涓都出自鬼谷子门下，孙膑的才华一定很高，就派人将孙膑请来。

没多久孙膑来到了魏国。惠王亲自接见了孙膑，谈论用兵之道，很是投机。魏惠王非常高兴，让孙庞二人共同表演阵法，庞涓所摆

阵法，孙膑一一点破；反观孙膑所摆阵法，庞涓没有一个能看懂，更谈不上如何破阵。庞涓妒火中烧，生出陷害孙膑的心思。

庞涓先是在魏惠王面前说孙膑念念不忘齐国。孙膑本是齐国人，齐魏两国不和，于是，魏惠王对孙膑产生了怀疑。接着庞涓又模仿孙膑的笔体给齐国的亲人写信，称虽在魏军，但心向齐国。庞涓将此信交给魏惠王，魏惠王见信勃然大怒，下令把孙膑关押起来等候审理。庞涓既想除掉孙膑，又想得到《孙子兵法》，所以，想出一条毒计，建议惠王把孙膑的两腿膑骨挖除，使其终生不得为将，惠王准奏。行刑后，孙膑成了残疾。庞涓陷害孙膑至此，却在孙膑面前称，惠王坚持处死孙膑，是他以性命担保，才减为此刑。孙膑对同学深信不疑，感谢其救命之恩。

孙膑为报同学之恩，答应庞涓的请求，在牢狱中写下"孙子兵法十三篇"。庞涓看到孙膑认真书写，就对牢头说，只要孙膑写完兵法，立即断绝孙膑的食物，将其饿死在牢中。看管孙膑的狱卒被孙膑忠厚的心性打动了，将庞涓陷害他的实情告诉了孙膑。孙膑听后如梦方醒，最后装疯才得以逃脱庞涓的迫害，在墨子的帮助下辗转到了齐国。

围魏救赵

公元前354年，魏惠王为了与齐国争霸中原，派庞涓率精兵八万进攻赵国，并包围了赵国都城邯郸。赵国坚持一年，无战胜魏国的希望，于是向齐国求救。齐威王命田忌为主将，孙膑为军师，出兵八万救援赵国。田忌最初企图直接与包围邯郸的魏国军队交战，以解赵国之围。孙膑却认为，魏国长期攻赵，主力精锐在外，国内必然空虚，因此，齐国军队应乘机进攻魏国都城大梁，迫使魏军主力回救，齐军以逸待劳，截击魏军于归途之中，这样既援救赵国，又可以有力地打击魏军。田忌听从孙膑的计谋，兵分两路，一路南下，联合宋、卫军队，围攻大梁东南方向的襄陵，主力却进入大梁东面的平陵附近。齐军把主力隐蔽起来，派不懂军事的齐城、高唐两个都邑大夫率一部分兵力攻打平陵，结果二将兵败战死，使庞涓认为齐军战斗力弱，不足为惧，决意攻下邯郸。待邯郸攻下，魏军的实力大大受损。田忌依孙膑计，派轻车锐卒直扑大梁郊外，主力则分路跟进，造成兵力单薄的假象。庞涓以为齐军弱小，攻下邯郸后，抛弃辎重，昼夜兼程，急速回师。孙膑料定魏军必走桂陵，提前把主力部署在桂陵。魏军到桂陵后，受到齐军的伏击，遭到惨败。齐军大获全胜，载誉而归。田忌、孙膑回齐之后，齐王准备给他们封官晋爵，孙膑坚辞不受。

吴 起

凡治国治军，必教之以礼，励之以义，使有耻也。夫人有耻，在大足以战，在小足以守矣。然战胜易，守胜难。故曰：天下战国，五胜者祸，四胜者弊，三胜者霸，二胜者王，一胜者帝。是以数胜得天下者稀，以亡者众。

——吴起

介绍

吴起（？—公元前381年），战国时兵家代表人物，卫国左氏（今山东定陶西）人。善用兵，初任鲁将，继任魏将，屡建战功，被魏文侯任为西河守。文侯死，遭陷害，逃奔楚国，初为宛（今河南南阳市）守，不久任令尹，辅佐楚悼王实行变法。

立志成名

吴起自幼聪明好学，不仅喜欢读书，也喜欢刀枪剑戟。由于处在战乱年代，正值用人之时，有才能的人都可成就一番事业，所以，吴起从小雄心勃勃，他习文练武，广交友，散钱财，为的是有朝一日能够得到重用，一展自己的才华。

有一次，吴起在乡里与无赖械斗，母亲责备他不求上进，不争气节。吴起咬破自己的胳膊，发誓说："吴起此生当不上卿、相那样的官，坐不上高级的车马，誓不回来见母亲！"说完愤然离家出走。吴起来到鲁国，拜孔子的学生曾参为师，研习儒学。吴起非常刻苦，昼夜研读背诵。

吴起在鲁国学习了一年多，曾参听说他在家中还有老母亲，就催他回去看望。吴起说："离家时与老母有言在先，不出将入相誓不回去见老母。"曾参劝道："和别的人可以发誓，但和自己的至亲不能发誓。"吴起对老师的劝告不以为然，继续用心读书，毫无回家探望母亲之意。曾参从此厌

恶吴起。没过多久，家中托人带信给吴起，告诉他，老母亲病故，要他回家奔丧。吴起听到这个消息后，仰面朝天哭了几声，随即收起眼泪，继续读书。曾参很气愤地说："母亲死了不知回家奔丧，忘了根本，这种人不能当我的学生。"随后曾参把吴起赶出儒学之门。吴起离开曾参，弃儒学兵，并在鲁国任职。

军事奇才

吴起在和齐国的战斗中遭到齐国人的离间，被鲁穆公废除爵位，剥夺了兵权。吴起担心穆公治罪，连夜逃到魏国。吴起在魏国结识了当地名流翟璜，并被翟璜举荐给魏文侯。当时魏国正为两河太守的人选而发愁。西河之地紧靠强秦，地势平坦，无天然屏障，经常受到秦国军队的威胁，需派得力的人率兵把守。魏文侯召见了吴起，经面谈，文侯了解了吴起的才能，当即任用他为西河太守，命其全权负责西河地域的军政大事。

吴起坚持以法治军，提倡"法令省而不烦"，赏罚严明，言而有信。在治军过程中，吴起坚持恩威并举。他坚持与士卒同甘共苦，与下等士兵穿同样的衣服、吃一样的饭菜。吴起在军中睡觉不铺席，行军不骑马，亲自扛兵器背干粮。凡是要求士卒做的，他自己先做到。他抚恤死者亲属，慰问受伤或生病者。他曾经用嘴为生疮的士卒吸脓。这些行动深深感动了他的部下，将士们都愿为吴起效死力。

吴起在严格挑选、刻苦训练的基础上建立起一支强大的常备军。经过宽严相济、赏罚分明的治理，他带出了一支战斗力极强的队伍。用这支队伍守卫河西之地，秦人不敢进犯魏国边境。公元前409年，秦惠公死，秦国因立新君意见不同而发生内乱，吴起乘机兴兵入秦，一举夺得洛阳等五座城池，魏文侯在此设置西河郡。

魏文侯死后武侯即位，他到河西地区视察，吴起陪伴。魏武侯泛舟河心，望着高耸的山峦、宽阔的西河，突发感慨："这高山大河多么险峻，它像一道攻不破的防线，阻挡着敌人的入侵，这真是魏国的珍宝。"一旁的吴起却摇头说："国家的安危在于德行，而不在山河的险峻。如果主公不修德，船上的人都可能成为你的敌人，到那时山河之险又有何用？"这话听起来颇为刺耳，却是治国安邦之理，魏武侯寻思片刻连连说道："言之有理，言之有理。"吴起得到了武侯的信任，继续任西河太守。

吴起在西河地区任职27年，把这一地区治理得安稳富庶。吴起率领他的士兵对诸侯国征战，大小战争打了76次，从未败过一场，其中全胜64次，其余未分胜负。

李 牧

> 嗟乎！吾独不得廉颇、李牧，时为吾将，吾岂忧匈奴哉！
> ——汉文帝刘恒

介绍

李牧（？—公元前229年），战国末年赵国将领。长期防守赵国北边，甚得军心，击败东胡、林胡、匈奴。赵王迁三年（公元前233年），率军御秦，大败秦军，因功封武安君。后因赵王中了秦国的反间计，李牧被削去兵权并遭杀害。

驻守边疆

李牧自幼受胡服骑射政策的影响，喜欢演兵习武，尤其喜欢骑射之术。不仅如此，李牧还喜欢阅读兵书，善于动脑，刻苦钻研用兵之术。这些都为他日后成为将才打下了良好的基础。

李牧长大之后从军入伍，由于才智武功超人，很快受到提拔重用。赵孝成王时期，李牧受到重用，被任命为驻守北部边疆的主将。

赵国的北疆主要是雁门和代郡。这里经常受到匈奴的袭扰。李牧到任之后，命令所有的将士兵卒以及当地的青壮百姓，必须练习骑马射箭之术。同时，他还采取了示敌以弱的战术，命令部队："匈奴入侵、袭扰之时，所有人员立即进城堡严加防守，有敢出迎匈奴者，定斩不饶。"李牧很清楚，匈奴的兵马远远胜过赵国守边部队的力量，正面抗击敌人，必定遭受严重损失。所以，他采取坚壁固守、抓紧练兵、提高自己、消耗敌人的策略。

李牧戍边几年过去了，虽然边境平静，老百姓也没有受什么损失，但李牧却落下个"胆怯"的名声。有人说他畏惧匈奴，从不敢出战，戍边几年没有一点功劳。消息和谗言传进邯郸，赵孝成王召李牧进京责问。

李牧说："边疆无战事，百姓平静，安居乐业，虽有小股外族袭扰，但无干大局，这有何不好？"

赵王不听他的解释，命令他出击匈奴。李牧毕竟是成熟的战将，他懂得用兵之利害，回雁门之后，见匈奴并无大举进攻赵国之意，所以，仍然坚守不战。于是，赵王将李牧撤职，任用其他将领驻守雁门。

救国于危难

公元前234年，秦国进攻赵国，一举消灭赵国军队十万人，秦军进逼邯郸，赵都告急，赵王急召驻守边疆的李牧回邯郸。李牧留部分将士守边，自带精锐之师迅速回援。李牧回邯郸之后晋见赵王，要求一切由主帅阵前做主，否则无法挂帅，赵王允诺。李牧出城组织军队。他仍用示弱待机之术，深沟高垒，坚守不战。秦军的统帅桓齮认为，过去廉颇用此计坚守，今李牧又用此法，不足为怪，于是，率兵袭击甘泉市，赵葱请求出兵援救。李牧却说，敌人去进攻，我去救援，敌人主动而我方被动，这是兵家所忌。为今之计，不如顺水推舟，直接去攻击他的营地，此乃一举而两得。随即分兵三路突袭秦军大营。秦国军队认为赵军怯懦，不堪一击，根本想不到赵军敢于直接进攻秦军大营，面对突如其来的攻击，秦军大乱。李牧率军杀死秦军牙将十余员，杀死士卒无数。桓齮得报大怒，立即率军来战李牧。而李牧早已设下伏兵。两军交战，李牧率领的兵马奋勇当先，以一当十，秦军被杀得大败，败兵撤回咸阳。赵军大获全胜之后，赵王大喜，说："李牧乃赵国之白起（战国时期秦国名将）也。"白起被封为武安君，李牧也被封为武安君。

乐　毅

有良将而不用，赵黜廉颇而亡，燕疑乐毅而偾。

——王夫之

介绍

乐毅，子姓，乐氏，名毅，字永霸，中山灵寿（今河北灵寿西北）人，魏将乐羊后裔。战国后期杰出的军事家，拜燕上将军，受封昌国君，辅佐燕昭王振兴燕国，报了强齐伐燕之仇。

兴盛燕国

乐毅少年聪颖，喜好兵法，深得赵人推崇。赵武灵王时，因避政变来到魏国都城大梁（今河南开封西北），当了大夫。

齐国曾趁燕国发生内乱之机向燕国发动进攻，并把燕国打得大败，燕昭王时刻不忘为燕国雪耻。但燕国弱小又地处僻远，昭王自忖力量不足以克敌制胜，于是便屈己礼贤，延聘贤能之士相佐。首先礼待郭隗，借此招揽天下英才。乐毅正好于此时替魏出使到燕国，燕昭王用客礼厚待乐毅。乐毅谦辞推让，最终被昭王诚意所动，答应委身为臣，燕昭王封乐毅为亚卿。

齐愍王率齐军南败楚相唐昧于重丘，西摧三晋的势力于观津，接着与三晋攻秦，助赵国灭中山，打败宋国，扩地千余里，诸侯各国在强大的齐国面前都表示臣服，齐愍王因此而骄矜自满。由于齐愍王的骄横自恣，加上对内欺民而失其信，对外结怨于诸侯，造成齐国政治局势不稳，形势恶化。

燕昭王认为时机成熟，欲兴兵伐齐，于是问计于乐毅。乐毅回答说："齐国系霸主之余业，地广人多，根基较深，且熟习兵法，善于攻战。对于这样一个大国，虽有内患，仅由我们一国单独去攻打它，恐怕很难取胜。如果大王一定要去攻伐齐国，必须联合楚、魏、赵、韩诸国，使齐国陷于孤立的被动地位，方可制胜。"

五国伐齐

燕昭王接受了乐毅的"举天下而攻之"的伐齐方略，派乐毅去赵同惠王盟约攻齐，并请赵国以伐齐之利诱说秦国，予以援助。昭王又派剧辛为使，分别到楚国和魏国进行联络。当时各国都不满于齐愍王的骄暴，听说联兵伐齐，均表示赞同。

公元前284年，燕昭王派乐毅为上将，同时赵惠王也把相印交予乐毅，乐毅率全国之兵会同赵、楚、韩、魏四国之军兴师伐齐。齐愍王闻报，亲率齐军主力迎于济水（在今山东省济南西北）之西。两军相遇，乐毅亲临前敌，率五国联军向齐军发起猛攻。齐愍王大败，率残军逃回齐国都城临淄。乐毅遣还远道参战的各路诸侯军队，打算亲率燕军直捣临淄，一举灭齐。谋士剧辛认为燕军不能独立灭齐，反对长驱直入。乐毅则认为齐军精锐已失，国内纷乱，燕弱齐强的形势已经逆转，坚持率燕军乘胜追击。

乐毅率燕军乘胜追击齐军至齐都临淄。齐愍王见都城临淄孤城难守，遂率少数臣僚逃往莒城（今山东省莒县）固守。乐毅采用连续进攻、分路出击的战法，陷城夺地，攻入齐都临淄后，尽收齐国珍宝、财物、祭器运往燕国。燕昭王大为欣喜，亲自到济水前来犒赏、宴飨士兵，为酬谢乐毅的功劳，将昌国（在今山东省淄川县东南）城封给乐毅，号昌国君。

乐毅率燕军半年内连取齐国70余城，仅剩聊城、莒城、即墨（今山东省平度市东南）三城仍久攻不下。其余全部并入燕的版图，燕前所未有地强盛起来。乐毅此次攻打齐国，创造了中国古代战争史上以弱胜强的著名战例。

蒙 恬

蒙氏秦将，内史忠贤。长城首筑，万里安边。

——司马贞

介绍

蒙恬（？—公元前210年），姬姓，蒙氏，名恬。祖籍齐国，山东人。秦始皇时期的著名将领，被誉为"中华第一勇士"。

战绩辉煌

蒙恬出身于一个世代名将之家。祖父蒙骜为秦国名将，事秦昭王，官至上卿。蒙恬成长于武将之家，深受家庭环境的熏陶，自幼

胸怀大志，立志冲锋陷阵，报效国家。他天资聪颖，熟读兵书，逐渐培养了较高的军事素养。

秦王嬴政二十九年（公元前221年），蒙恬由于家世的关系，被封为秦国将领，跟随大将王贲南下攻打齐国，一路长驱直入攻占了齐都临淄。由于蒙恬表现突出，战功卓著，于众多武将中脱颖而出，被秦王封为内史，成为秦始皇的心腹大将。

虎视匈奴

公元前215年，秦始皇以蒙恬为帅，统领30万秦军北击匈奴。在黄河之滨，以步兵为主的秦军与匈奴骑兵展开了一场生死之战。蒙恬率领的军队以锐不可当的破竹之势，在黄河上游（今宁夏和内蒙古河套一带地区），击败匈奴各部大军，迫使匈奴望风而逃，远去大漠以北七百里。汉代贾谊评价当时匈奴的状态为"不敢南下而牧马"。蒙恬仅一战就将彪悍勇猛的匈奴重创，使其溃不成军，四处狼奔。匈奴几十年不敢进汉地，蒙恬居功至伟。

蒙恬统率重兵坐镇上郡（今陕西榆林市境内），为加强河套地区的防线，在河套黄河以北（今内蒙古乌拉山一带），筑亭障，修城堡，作为黄河防线的前哨阵地。这次战斗，给北方带来了十几年安定的社会环境，为河套地区的开发创造了条件。蒙恬勇敢作战、出奇制胜、击败匈奴的大战，是他一生征战的最大的一次战绩，人们称赞他是"中华第一勇士"。

在蒙恬打败匈奴，拒敌千里之后，他带兵继续坚守边陲。蒙恬又根据"用险制塞"以城墙来制骑兵的战术，调动几十万军队和百姓筑长城，把战国时秦、赵、燕三国北边的防护城墙连接起来，并重新加以整修和加固。建起了西起临洮,东到辽东的长达五千多公里的万里长城,用来保卫北方农业区域免遭游牧匈奴骑兵的侵袭。蒙恬在修筑万里长城的壮举中起了主要的作用,这延绵万余里的长城给后人留下了巨大的文化瑰宝。

同时,蒙恬沿黄河河套一带设置了44个县,统属九原郡。还建立了一套治理边防的行政机构。又于公元前211年,发遣三万多名罪犯到兆河、榆中一带垦殖,发展经济,加强军事后备力量。这些措施对于边防的加强,起到了积极的作用。

另外,蒙恬又派人马,从秦国都城咸阳到九原,修筑了宽阔的直道,摆脱了九原交通闭塞的困境。这不但加强了北方各族人民经济、文化的交流和融合,更重要的是对于调动军队、运送粮草器械物资等具有重要战略意义。风风雨雨、烈日寒霜,蒙恬驻守九郡十余年,威震匈奴,受到始皇的推崇和信任。

第一章 汉晋的英雄豪杰

韩 信

> 战必胜，攻必取，吾不如韩信。
> ——刘邦

介绍

韩信（约公元前231—前196年），淮阴（今江苏淮安）人，西汉开国功臣，中国历史上杰出的军事家，与萧何、张良并列为汉初三杰，为汉朝的建立立下赫赫战功。曾先后为齐王、楚王，后贬为淮阴侯。韩信是中国军事思想"谋战"派代表人物，被萧何誉为"国士无双"。

大器晚成

韩信出生在一个贫困的家庭，他少年丧父，生活十分艰难。韩信在困窘时，志气却和平常人不一样。那时，他的母亲过世，家里贫穷，韩信无法按照当时的礼节安葬母亲。但是，他却寻找到一个风水宝地——地势高并且宽敞平坦，可以容纳许多户

人家居住的地方作为母亲的墓地。

虽然生活困苦，但韩信并不愿种田，也不愿经商，不愿意踏踏实实地为生活做事，而是腰中带一把剑，游手好闲，四处浪荡，靠别人施舍度日。因此，在乡间他被人们视为不务正业的顽劣少年。

战国末期有大户人家养食客的风气，韩信在流浪生涯中曾当过一个亭长家的食客。这个亭长家也不富裕，养了他一段时间，见他年轻力壮，整日不求进取，渐渐对他产生了反感。韩信当食客养成了守时的习惯，每逢吃饭的时候就来到亭长的家中。亭长的妻子对韩信的行为非常厌恶，有一天故意提前开饭，等韩信来吃饭时，早已什么都没有了。韩信很知趣，悄悄地离开了亭长家，继续过他的求食生活。

有一天，韩信饿得发慌，就向一位洗衣服的老妇人乞食。这位心地善良的妇人见韩信可怜，就把自己带的饭分一部分给他吃。一连数日，韩信天天靠洗衣妇的施舍糊口。对此，洗衣妇毫无嫌弃之言。有一次，韩信吃完妇女施舍的饭之后说："日后必将重重报答您。"洗衣妇闻听此言，怒斥道："你一个五尺男儿，不思进取，靠我洗衣妇施舍度日，不觉惭愧，还说什么报答？我是看你实在可怜可悲，才施舍一点饭给你，何时曾想过让一个靠施舍生活的男儿给予报答？"洗衣妇的话深深刺痛了韩信的心，他决心外出闯荡，寻求功名。

井陉之战

韩信投奔刘邦之后，平定了魏地，后韩信率军北进，先是击败代国，继而准备攻击赵国。赵国的代王陈余集结二十万军队于井陉迎击韩信。韩信所率兵马只有几万人，又劳师远征，其实力远不及赵军。赵军谋臣李左车见韩信劳师远征，粮的供应不及时，就提出亲率三万兵绕路袭击韩信的后勤部队，并与赵军主力对汉军形成前后夹击之势。但陈余不听李左车之言，他要正面与韩信决战。

  韩信一路进击毫无阻挡，很快前进至离井陉只有三十里的地方。汉军安营扎寨，作出与赵军决战的样子。半夜，韩信选骑兵两千，每人带一面红旗，成功袭击赵军大营，拔掉了赵军的旗子，换上了汉军的红旗。次日，韩信命令部队背水扎营，赵军见状大为惊奇，赵将嘲笑韩信不懂兵法。两军对垒，韩信首先发起进攻。两军交战不久，汉军按韩信事先的吩咐，败退下来，不少兵士丢盔弃甲，许多军旗也被扔在地上。一直退到水边，汉军还在退，守城赵军以为汉军大势已去，纷纷出城追击败退的汉军，此时，埋伏在附近的汉军骑兵乘机入城，拔掉赵国的旗子，全部换上汉军的红旗。假装败退的汉军见城头升起汉军旗子，知道已占领了赵国城池，反过来

攻击赵军。赵军发现城池失守，全被惊呆了。此时，赵军大乱，赵王当了汉军的俘虏，赵军士兵四散逃命。赵国随即被消灭。赵国的二十万大军竟然被韩信几万兵马消灭，这是一场出奇制胜的战争。韩信巧用"兵家之忌"，敢于背水结阵，以愚示敌，诱敌出击。对自己的军队是"置之死地而后生"，对敌人则是用反常行动诱其上当，寻机歼灭。

周亚夫

亚夫之用兵，持威重，执坚刃，穰苴曷有加焉！足己而不学，守节不逊，终以穷困。悲夫！

——司马迁

介绍

周亚夫（公元前199—前143年），西汉时期的著名将军、军事家,沛县(今江苏沛县)人,名将绛侯周勃的次子。在七国之乱中,周亚夫统帅汉军,三个月平定了叛军。

德才兼备

周亚夫是西汉开国功臣周勃的儿子。由于自幼受家庭环境的影响,周亚夫习武修文,准备长大之后做一番事业。周勃在汉朝廷中以厚重忠诚著称,其子周亚夫承袭了父辈亲的贤德。

周勃在位时被封为绛侯。周勃死后,周亚夫的哥哥周胜之承袭了绛侯爵位,周亚夫作为次子无缘受封。但周亚夫有才学,办事认真,靠自己的才能和政绩升任河内守。公元前163年,周亚夫的哥哥周胜之因杀人被判死刑,爵位被废除。次年,汉文帝动了恻隐之心,要求在周勃的儿子中选一个德行较好者封以爵位。因周亚夫任河内守期间,政绩和名声都很好,大臣们向文帝推荐周亚夫受封,文帝降旨,封周亚夫为条侯。

周亚夫的爵位是沾父辈之光,承袭受封,但周亚夫成为一代将才,靠的不是子承父业,而是靠自己的才能和出生入死的战功。他在细柳治军,威震汉军,他率兵平定七国之乱,稳固了汉政权,维护了和平的环境,打出了汉军的军威。

公元前158年,北方的匈奴部族出兵多路进犯汉军,军情报至长安。汉文帝发布命令,命各路军队进入战略要地,处于紧急状态。为保卫长安,皇帝命令,河内守周亚夫为将,驻扎细柳(在今咸阳市西南);刘礼率军驻灞上;视兹侯徐悍率军驻扎在棘门。为了鼓舞士气,文帝亲自到长安城周围去视察军队。

汉文帝先驱车到灞上,将军刘礼听说皇上驾临,非常高兴,营门大开,亲率部将前来迎接,文帝的车队直入营门,毫无阻挡地进入中军帐。

汉文帝离开刘礼军营,又来到徐悍的驻地,情况与刘部相同。

他们的部队好像不是用来防御敌人的，而是专门等待皇帝视察的，汉文帝见状不以为然。

汉文帝来到细柳营周亚夫军驻地时，情况却大不相同。当皇帝的护卫队到达细柳军营时，只见营门紧闭，将士威严镇守营寨，刀出鞘，箭上弦，如临大敌，严阵以待。先锋官仗势喝令："天子即将驾到，立即开门引路！"守门都尉却严肃地答道："将军有令，军中只听将军的命令，不听别人的命令！"此时，文帝的车马已经来到营门前，侍从太监再次喝令打开营门，但守门将士仍旧不听召唤。文帝只好命令侍从官出示皇帝符节，并要求派人通报周亚夫，皇帝要进营犒军。周亚夫接到通报，命令打开营门，请皇帝进来，并通知皇帝侍从，军中有规定，不准车马喧闹奔驰。皇帝的车马只好慢慢行进。等来到中军帐时，只见周亚夫全身披挂，并不跪拜天子，而是拱手作揖道："臣盔甲在身，不能跪拜，请以军礼相见。"文帝听后，深受感动，站起来俯身以作答礼。劳军结束，文帝的车队刚出营门，细柳军营营门又紧紧关闭，周亚夫坐入中军帐，依然如故。

文帝在回宫的路上，侍从人员议论纷纷，说周亚夫目无天子，傲慢无礼。但文帝是个明智之君。他欣赏的是周亚夫严整的军营、严明的军纪和整肃的军威。他高兴地说："这才是支打仗的队伍。"过了一段时间，匈奴退去，紧急战备状态解除，防卫长安的二路军撤销。文帝命令，提升周亚夫为中尉（保卫京城的军事长官）。

智勇平叛

公元前154年，吴王刘濞等联合七个同姓王发动叛乱，史称"吴楚七国之乱"。叛乱的目的是想推翻汉景帝的统治，自立为帝。朝廷面临危难，汉景帝起用周亚夫，提升他为太尉，命他率军东征，平定吴楚七国之叛乱。

周亚夫遵从皇帝的命令，如期率兵出征。大军行至灞上，有个叫赵涉的人求见周亚夫，他提出："吴王刘濞很富有，且豢养了一批死士，将军东征，声势浩大，目标明确，吴王必定在将军东去的必经之地——崤函至黾陀之间的险要处设下埋伏。因此，将军不如声言东出崤函而实际上绕道蓝田，经武关取道洛阳，避开崤函。这样虽多走一两日路程，却可躲过敌人埋伏，迅速开往前线。"周亚夫虽是名门之后，又是三军统领，但他礼贤下士、虚怀若谷，觉得赵涉的建议很有价值，就采纳了，绕道蓝田，顺利到达前沿洛阳。当他派出人员搜索崤函一带时，果然发现了吴王的伏兵。周亚夫不忘提建议之人，立即提拔赵涉为护军。

周亚夫占据洛阳，堵住了叛军西进长安之路，然后率军东进。大军到达淮阳后，已接近叛军主力。周亚夫见到了其父周勃的老部下邓都尉，便虚心求教。邓都尉告诉周亚夫，吴国二十万大军，士气正盛，不宜与之正面交锋，不如继续引兵东进入齐，在昌邑一带深沟高垒，守而不战，然后派出精锐骑兵破坏敌人的后勤供应，把迎击吴军主力的重任留给梁国。梁王的军队有这个能力，待吴军后勤被破坏，军队进入疲惫状态，再出击决战，这样一举可破吴楚之乱。周亚夫听后，连连称善，并依计而行。派出得力将领率骑兵切断吴军粮道，亲率大军到昌邑坚守待机。

在周亚夫屯兵昌邑坚守待机之时，吴楚联军合力攻打梁国。叛军声势浩大，梁王刘武感觉形势吃紧，一方面出兵迎战，另一方面连续派人向周亚夫求援，周亚夫认为梁王有守城的能力，没有改变计划。梁王刘武大怒，上告汉景帝刘启，汉景帝传令周亚夫立即出兵救梁。周亚夫接到皇帝命令之后，仍没有改变当初的计划，以"将在外君命有所不受"为由，拒绝立即发兵救梁。由此得罪了梁王刘武。

吴楚联军攻不下梁国，转而进攻昌邑。周亚夫坚守不出，吴楚联军又转而攻梁，几经周折，兵马疲惫。此时，吴楚联军已经断粮，更急于决战。周亚夫认为决战时机已经成熟。在吴楚联军想利用声东击西之计与汉军决战之时，周亚夫识破敌人的计策，将计就计，设下伏兵，待吴军按计划向西北进攻时，正中汉军伏击，士兵四起，早已养足的士气全部迸发出来。吴军面对突然的攻击不知所措，加上士兵饥饿难忍、疲惫不堪，很快被汉军打败。吴军全部溃败，周亚夫派兵追击，吴楚联军被破，梁国之围已解。周亚夫派精兵追击败逃的吴王刘濞，大军直指东越。东越王见刘濞大势已去，就割下他的头献给周亚夫，吴楚七国之乱就这样结束了。

李 广

> 惜乎，子不遇时！如令子当高帝时，万户侯岂足道哉！
> ——汉文帝对李广的赞叹

介绍

李广（？—公元前119年），西汉名将，陇西成纪（今甘肃省秦安县）人。文帝时，参加反击匈奴攻掠的战争，为中郎、武骑常侍。景帝、武帝时，任陇西、北地等郡太守。元光元年（公元前134年），为未央卫尉。后任右北平太守，匈奴数年不敢攻扰，称之为"飞将军"。元狩四年（公元前119年），随大将军卫青攻匈奴，因迷失道路，错过了参战的机会，李广不愿接受责问和审判，愤而自杀。李广前后与匈奴作战七十余次，以勇敢善战著称。

才气无双

李广出生在将门之家，自幼就习武练箭。他的臂力过人，射技精湛，无人能敌。当时，正值匈奴贵族不断侵扰西汉的北方边郡，

而西汉王朝也开始由单纯防御转为对匈奴的反击和进攻。在这个战乱不已的年代里，李广从小就经历了战火的磨炼。

文帝前元十四年（公元前166年）冬，匈奴单于率领14万骑兵，大规模南下掠夺西汉的人口和牲畜。文帝调集大量车骑，前往北部抗击匈奴。李广随着汉朝大军出击匈奴，他一路冲阵夺关，多有虏获。由于他英勇善战和骑射技艺高超，被封为武骑常侍。一次，李广随文帝出行，他冲杀勇猛，抵御敌兵，杀死数头猛兽。文帝感叹说："你可惜生不逢时，要是在高祖打天下的时候，做个万户侯也不在话下。"

孝景帝初年，李广任陇西都尉。吴、楚两国起兵造反时，李广为骁骑都尉，跟从太尉周亚夫攻打吴、楚两国军队，并在昌邑取得显赫战功，声名大振。因为梁王私自授李广将军印绶，回朝后朝廷就没有对李广进行封赏。后来，李广当上谷太守，每天都在和匈奴交战。李广为了维护边关的安全，每次都亲临战场，身先士卒。士兵们在他的带动下，作战英勇，毫不怯阵，每次都是获胜而归。为此，匈奴的官兵很害怕李广，一听有李广在就不敢再去骚扰了。

勇敢机智的"飞将军"

景帝中元六年（公元前144年），匈奴大军再次南下，屡屡侵犯上郡。上郡太守李广率部奋勇抗击。一次，景帝命身边的宦官跟从李广学习军事，抗击匈奴。宦官带领数十骑兵练习时，发现三个匈奴人，他们马上进行射击。三个匈奴人还击，射伤了宦官，还几乎把宦官的骑兵杀尽。宦官逃回向李广禀告，李广听后，说："这三个人肯定是射雕的匈奴人。"于是，李广带领一百多个骑兵，追赶那三人。那三人没有马匹，只能步行，行走了有数十里。李广命令骑兵分左右两翼包抄，然后亲自向这三人射击。最后，杀死两人，生擒一人，一问，果然是射雕的匈奴人。

李广把俘虏捆绑好，上马即将离去时，突然望见远处有数十个匈奴骑兵。匈奴骑兵也发现了李广的兵马，以为是汉军诱敌的骑兵，

顿时大惊，赶忙上山摆开阵势。李广手下的一百多个骑兵都十分惊恐，想纵马逃走。李广说："我们现在距离大部队有数十里远。如果这样纵马奔逃，匈奴会立即追上来，将我们射杀殆尽。如果我们故意留下不走，匈奴就会认为我们是我军派出的诱饵，肯定不敢追杀我们。"于是，李广命令手下说："向前进。"走到距匈奴不到两里的地方停下，又下令："全部下马解鞍！"

"现在匈奴离我们这么近，万一出现紧急情况，怎么办？"手下骑兵担忧地说。

李广胸有成竹地说："敌人认为我们就是诱饵，现在我们都解鞍了，表明不想逃走，这样可以坚定我们是诱敌。"远处的匈奴骑兵看到汉骑兵都解鞍驻扎，不敢擅自出击。

没多久，一个骑白马的匈奴将领出来监督士兵，李广看到后立即上马，和十多个骑兵射杀了这个将领。然后返回原地，又下马，解鞍。李广命令手下放开马匹，躺卧在地上。天色渐渐暗了下来，匈奴士兵还是不敢出击。半夜时分，匈奴军官以为汉军有伏兵在旁，想趁夜晚攻打他们，于是率兵离去。第二天早晨，李广才率领手下回到大军营中。

卫 青

作战在我不在敌，关键不拘于泥，昔汉将卫青、霍去病勇于革新战法，远渡绝漠，运动于敌之软肋，出敌不意，攻敌无备，故百战百胜。

——毛泽东

介绍

卫青（？—公元前106年），西汉名将，字仲卿，河东平阳（今山西临汾市）人。皇后卫子夫同母异父的弟弟，本平阳公主家奴，以皇后弟为汉武帝重用，官至大将军，封长平侯。元朔二年（公元前127年），率军打败匈奴，控制河套地区。元狩四年（公元前119年），与霍去病分兵打败伊稚斜单于主力，曾七战七胜，为北部疆域的开拓做出重大贡献。

脱颖而出

卫青的父亲郑季是平阳县吏，在平阳侯曹寿家里负责内部事务时，与曹家的婢女卫媪私通，生下卫青。卫青的童年，是作为公主府的家奴，在母亲的膝下度过的。稍大后便随父亲生活。因为是私

生子，他经常遭到同父异母兄弟们的歧视。郑家让他做牧童，受尽了欺凌和虐待，但也使他从中受到了磨炼，自幼就养成了坚强刚毅的性格。

卫青长大以后，身材魁梧，相貌堂堂，并练就了一身好武功，善于骑射，臂力超人。因此，被平阳公主选为骑奴，经常随平阳公主出行。他遇事不慌，处事老练，表现出与众不同的气质，深得平阳公主喜爱。武帝建元二年（公元前139年），卫青同母异父的姐姐卫子夫被选进宫去，平阳公主就推荐卫青作为随奴到了皇宫。随着卫子夫被立为皇后，卫青也摆脱了随奴的地位。

汉家英豪

在武帝元光六年（公元前129年）冬季，匈奴的骑兵袭扰上谷（今河北怀来县东南）等地，杀死官吏，劳民为奴，抢掠财物。武帝以卫青为车骑将军，和公孙贺、公孙敖、李广率骑兵万余人，分路出击上谷、代郡、云中、雁门等地，抗击匈奴。其他几路都败兵而归，只有卫青出兵上谷，乘虚而入，直捣龙城（匈奴祭扫天地祖先的地方，一般认为在今蒙古人民共和国和硕柴达木湖附近）老巢，俘获匈奴700余人，胜利而归。武帝见卫青是"有将帅才"，便封其为关内侯，卫青军事才华锋芒初露。

武帝元朔二年（公元前127年），匈奴军又袭扰上谷、渔阳（今北京密云西南）一带，抢夺财物，杀伤吏民。这次武帝为了不受匈奴军队的牵制，改变了过去那种随敌而动、正面抗击的战法，采取了匈奴东犯、汉军西击的战略方针，命令卫青、李息率数万骑兵突袭河套地区，乘匈奴左贤王出兵上谷、右贤王毫无防备之机，夺取河南（今内蒙古河套一带）战略区域。

卫青接受任务后，率领精锐骑兵，侧后迂回，出云中，尔后沿黄河西进，潜行千余里，以突然袭击的战术夺取了高阙（今内蒙古

杭锦后旗东北）要塞，切断了匈奴的退路，然后直达陇西，突然出现在匈奴的侧后方。匈奴楼烦王、白羊王措手不及，率部西渡黄河逃命，卫青率部冲杀，歼敌数千人，获牛羊百余万头，并全部收复了匈奴占领的河南旧地。

霍去病

> 匈奴未灭，何以家为！
>
> ——霍去病

介绍

霍去病（公元前140—前117年），西汉名将。河东平阳（今

山西临汾西南）人。卫皇后姐姐之子，名将卫青的外甥。官至大司马骠骑将军，冠军侯。他前后六次出击匈奴，解除了匈奴对汉王朝的威胁。

神勇无敌

汉武帝建元元年（公元前140年），霍去病出生在汉朝皇亲平阳公主的府中。他的父亲霍仲孺是平阳公主家的一名差役，母亲卫少儿是一名侍婢。大约在霍去病周岁时，他的姨母卫子夫被选入宫中，并于不久后被封为夫人，霍去病的生活从此发生了很大改变。他在舅父卫青的影响和教育下，自幼聪明好学，刻苦习武，逐步精通了骑马、射箭、击刺等武艺，对摆兵布阵也很有研究，立下了报国之志。

元朔六年（公元前123年），匈奴侵入代地，攻占雁门，掠扰上郡和定襄一带。武帝命令大将军卫青率李广等六将共10余万铁骑，浩浩荡荡，出师东征。当时还不满18岁的霍去病，非常渴望能到边关征战沙场，抗击匈奴，为国立功，因此，坚决要求随军出征。武帝欣然批准了他的请求，封他为嫖姚校尉，令卫青挑出800名精锐骑兵交由霍去病指挥，奔袭敌后。

霍去病年少出征，勇敢异常，又懂用兵之术，在关键时刻有急智奇计，所以，每次远征匈奴都是立功而还。汉武帝非常喜欢这名外甥，再加上武帝爱护将才，就下令在长安为他建造了一座精美的住宅。房屋建成，武帝要他去看一看。此时，正赶上北疆告急，匈奴再度进犯，霍去病却说："匈奴未灭，何以家为！"足见其志高存远，不求小安的雄心壮志。

西征匈奴

公元前121年春，汉武帝为了解除河西匈奴之患，封霍去病为骠骑将军，率领一万骑兵，出陇西，解除河西敌患。霍去病领旨之后，勇猛向西挺进，大胆地跨越五个匈奴部落，由于其队伍气势高涨，锐不可当，所过五个匈奴部落，没有一个敢于用武力阻拦。汉军出河西一千多里，在皋兰山下与匈奴交战，汉军勇猛异常，匈奴军队望而生

畏，匈奴大败，汉军斩杀敌人近万，杀死折兰王和卢侯王，活捉浑邪王子，缴获了匈奴休屠王的祭天金人。

为了彻底把匈奴逐出河西地域，汉军又乘胜发动夏季攻势。汉军分两路出击，霍去病、公孙敖率数万骑兵担任主力，从北地郡（今甘肃环县）出发；张骞、李广率万名骑兵，攻击匈奴右贤王，策应霍去病。

在进军途中，为了对敌人形成包围，霍去病分一部分军队给公孙敖，对敌人构成两路夹击之势。但是，公孙敖在进军的路上迷失了方向，根本没有找到敌人。霍去病孤军深入敌境。他进入匈奴腹地两千余里，在祁连山下与匈奴主力遭遇，经过激战，歼敌七万余人，受降二千余人，单于手下的单桓王、酋涂王也在投降之列，俘虏了王母、单于阏氏、王子、相国、都尉等百余人。汉军损折将士三成。

此次西征，霍去病又立大功，汉武帝为他加封食邑五千四百户。

赵充国

周有齐太公，秦有王翦，两汉有韩信、赵充国、耿恭、虞诩、段颎，魏有司马懿，吴有周瑜，蜀有诸葛武侯，晋有羊祜、杜公元凯，梁有韦叡，元魏有崔浩，周有韦孝宽，隋有杨素，国朝有李靖、李勣、裴行俭、郭元振。如此人者，当此一时，其所出计画，皆考古校今，奇秘长远，策先定于内，功后成于外。

——杜牧

介绍

赵充国（公元前137—前52年），西汉大将。字翁孙，陇西上邽（今诈、机动灵活的特点，采取稳扎稳打、步步为营的进军方式。在长距离的行军中，他总是先侦察后进军。在扎营之后，总是严密设防并派出岗哨，以确保部队的安全。

在接近叛乱的羌族之后，赵充国没有贸然发兵进攻，而是设法了解其内部情况，当他从俘虏的口中得知羌族内部有些人不同意叛乱时，就采取了"恩威并举"的策略。对那些投降或主动靠近汉军的，给予抚慰和奖赏，而对另外那些叛乱者则坚决攻杀。赵充国还发告示：杀死谋反者有奖，杀死大首领者赏钱四十万；杀死中首领者赏钱十五万；杀死小首领者赏钱一万。这种政治安抚和军事进攻并举的方式，分化瓦解了羌人。

为了保卫边疆，减轻政府负担，同时给羌族人中的不愿谋反者以生存的机会，赵充国极力主张撤回骑兵，只留一万士兵屯田戍边。赵充国这样做大大减轻了政府的负担，同时免除了少数民族惨遭大军杀戮的命运。正是由于赵充国政策得当、用兵正确，他所到之处都能带来相对安定平稳的局面。

冯奉世

> 臣闻善用兵者，役不再兴，粮不三载，故师不久暴而天诛亟决。往者数不料敌，而师至于折伤；再三发轫，则旷日烦费，威武亏矣。今反虏无虑三万人，法当倍用六万人。然羌戎弓矛之兵耳，器不犀利，可用四万人，一月足以决。
>
> ——冯奉世

介绍

冯奉世（？—公元前39年），西汉名将。字子明，原籍上党潞（今山西省潞城东北）人，后移居杜陵（今陕西省西安市东南），年三十余乃学《春秋》，习兵法，以卫侯使出使大宛，大败莎车，擢光禄大夫，迁左将军光禄勋，封关内侯。

大器晚成

冯奉世出身于将门世家，其先人冯亭，为韩国上党太守。秦攻上党后，使太行道中断，韩国不能据守，冯亭便将上党城献于赵国。赵国封冯亭为华阳君，与赵将赵括共同抵抗秦军，最后战死于长平。宗族由此分散，或留潞，或在赵。在赵国为官帅将，官帅将子为代相。秦灭六国后，冯亭后人冯毋择、冯去疾、冯劫皆为秦国将相。西汉建立后，冯奉世祖父冯唐在汉文帝时期闻名于朝野，冯唐就是代相之子。汉武帝末年，冯奉世以良家子弟选为郎，当了宫廷卫兵。

汉昭帝时，冯奉世因立功被任命为武安长，后又被免职，此时他已三十多岁，在家闲居，于是开始学习《春秋》，攻读兵法。将军韩增听人说起他，与他见面交谈后，发现他有真才实学，便奏请汉宣帝任命他为军习空。

平定叛乱

汉元帝初元元年（公元前48年），冯奉世被任命为执金吾，职掌北军。不久，上郡（今陕西省北部）一万多原来归降汉朝的胡人发生叛乱。冯奉世持节率兵前往平叛，稳定了边境局势。初元三年，右将军典属国常惠死后，冯奉世调任为右将军典属国，掌管少数民族事务。几年后升为光禄勋。

永光二年（公元前42年）秋，驻守陇西的护羌校尉辛汤因嗜酒任性，多次侮辱羌人，终于激怒了羌众，导致反抗朝廷。元帝召集丞相韦玄成、御史大夫郑弘、大司马车骑将军王接、左将军许嘉、右将军冯奉世一齐入朝，讨论对策。当时连年遭受自然灾害，谷价上涨。每石谷子在京师卖二百余钱，边疆郡县则卖四百，关东地区竟至五百。全国出现饥馑，时有饿死人的报告传到朝廷，因而皇帝十分忧虑，担心饥民铤而走险，在这种时候，发生羌人反叛的事情，朝中将相都感到难办，一筹莫展。

冯奉世向皇帝请求出征，元帝问他需要多少兵力，冯奉世回答："善于用兵的人，只用人服一次兵役即可，所需军粮转运三次就够了，绝不能长久地让兵士在战场服役而遭天灾杀灭。以往对敌军的人数估计不足，往往失败之后才又派兵员，那样既耽搁了时间又浪费财物，而且也影响了士气，有失威武。如今估计叛军约有三万人，按常理应出兵六万，但我清楚羌兵武器不精，给我四万人马，一个月的时间，也可以平定叛乱。"

冯奉世分析完敌情之后，丞相、御史、两位将军皆以秋收大忙为理由不支持他的意见，说只能发兵一万去边地实行屯戍（一边驻防一边做农事）。冯奉世坚持自己的意见，说："不可，现在由于天下饥荒，战备物资十分缺乏，周边各少数民族都不把汉朝放在眼里，所以才有羌人敢于反叛。如今只派一万人分散到边境地方驻屯；敌人看到兵少，肯定不害怕，已经动乱起来的羌人乘我方势力软弱，如再煽动别的部族一起反叛，我恐怕到那时国内也得不到安宁了！"

尽管冯奉世一再据理力争，但他的建议最终也没有被采纳。元帝只同意出征兵员由一万增至一万二千人。冯奉世不得已，只好带兵员以屯田为名出发，典属国任立、护军都尉韩昌均为副将，到达

陇西之后，分兵三处屯驻。典属国任立为右军，驻军白石；护军都尉韩昌为前军，驻军临洮；冯奉世自为中军。前军到达降同坂后，派出两名校尉，一与羌人争取有利地形，一去广阳谷搭救被掠民众，结果羌人众多，两校尉被杀。于是驻屯的军人都感到各自力量单薄，不敢轻易出动，形成首尾不能相顾的局面。冯奉世赶忙绘制了地图，并写出作战计划，报奏朝廷，希望增兵三万六千人。元帝派遣太常弋阳侯任千秋领奋武将军衔带兵援助，并给冯奉世派去六万余人。

当年十月，援军到达陇西。十一月，援军与冯奉世先前所率将士会合，而后一举大破羌人，斩杀捕获叛兵八千多人，缴获马牛羊数万头，其余羌人都逃到塞外，陇西叛乱得到平息。次年二月，冯奉世班师回朝后，封爵为关内侯，调任左将军，继续担任光禄勋，食邑五百户，赏黄金六十斤。

陈　汤

汤为人沉勇，有大虑，多策略，喜奇功。

——司马光

介绍

陈汤（？—约公元前6年）字子公，山阳瑕丘（今山东兖州北）

人，西汉大将。汉元帝时，他任西域副校尉，曾和西域都护甘延寿一起出奇兵攻杀与西汉王朝相对抗的匈奴郅支单于，为安定边疆做出了很大贡献。

勇击郅支

建昭三年（公元前36年），陈汤与甘延寿出兵西域。这次出使西域，他们只带着一支护卫军队，而不是征讨大军。陈汤为人沉勇有大虑，多策谋，喜奇功。每当路过城镇或高山大川时，他都登高远望，认真观察、记忆。

在他们走出国境时，陈汤便对甘延寿说："郅支单于剽悍残暴，称雄于西域，如果他再发展下去，必定是西域的祸患。现在他居地遥远，没有可以固守的城池，也没有善于使用强弩的将士，如果我们召集起屯田戍边的兵卒，再调用乌孙等国的兵员，直接去攻击郅支，他是守不住的，逃跑也没有可藏之处，这正是我们建功立业千载难逢的大好时机啊！"

甘延寿认为陈汤的分析很有道理，便说要奏请朝廷同意后行动。陈汤说："这是一项大胆的计划，那些朝廷公卿都是些凡庸之辈，一经他们讨论，必然认为不可行。"甘延寿考虑还是应该履行奏请的手续，可就在此时他得了病，不能将手续办理妥当。

陈汤等了一天又一天，焦急之中便果断地采取了

假传圣旨的措施，调集汉朝屯田之兵及车师国的兵员。甘延寿在病榻上听到这一消息时大吃一惊，想立即制止陈汤这种犯法的举动，陈汤愤怒地手握剑柄，以威胁的口气呵叱甘延寿："大军已经汇集而来，你小子还想阻挡大军吗？不抓住战机出击，还算什么将领？"甘延寿只好依从他，带领各路、各族军兵四万多人，规定了统一的号令，编组了分支队伍序列，大张旗鼓向北进发。

两人立即带领军队分道进发，从北路进入赤谷，经过乌孙，进入康居的东部，下令军队不许抢掠。并召见康居的贵族屠墨，以威信晓谕他，和他歃血为盟后让他离去。因此完全了解了郅支单于的情况。

进军到郅支城都赖水上，离城三里安营布阵。郅支一百多名骑兵冲击营寨，各营寨都张弓搭箭指向他们，郅支骑兵退却。进而又派士兵射击城门的骑兵、步兵，骑兵、步兵都退入城内。甘延寿、陈汤命令军队听到鼓声都逼近城下，从四面包围城池，各自把守自己的阵地，挖堑壕，堵塞门窗，盾牌在前，弓箭长戟在后，仰射城中及城楼上的人，城楼上的人都向下逃跑。土城的外面有木城，在木城中向外射箭，杀伤不少城外的人。外面的人用木材烧毁木城。夜晚，几百骑兵想要突围，被迎面射死。天刚放亮，四面燃起大火，士卒们十分高兴，大声叫喊，鸣钲敲鼓惊天动地。汉兵趁机放起火来，士兵们争着攻进城池，郅支单于负伤死去。呼韩邪单于看到郅支已经被杀，顿首投降，愿意守卫北部边疆，世代臣服。

巧破乌孙

西域都护段会宗受到乌孙兵马的围攻，段会宗派人请求朝廷尽快发兵援救。丞相王商、大将军王凤及百官讨论数日仍无结果。王凤向成帝建议，请陈汤来帮助策划。成帝立即召见陈汤。陈汤早在攻击郅支时落下风湿病，两臂不能屈伸，因此入见皇帝时，皇帝先下诏不用行跪拜之礼，让他看段会宗写回来的紧急求救奏书。

陈汤推辞说："将相九卿皆贤材通明，小臣年老多病，不足以策大事。"

成帝听出他话中有怨气，便说："国家有急，您就不要推让了。"

陈汤说："臣以为此时不用过于担忧。"

成帝问："你为什么这样说？"

"一般情况下，五个胡兵相当于一个汉兵，因为他们的兵器原始笨重，弓箭也不锋利。如今他们也学汉兵的制作技巧，有了较好的刀、箭，但仍然可以用三比一来计算战斗力。现在围攻段会宗的乌孙兵马不足以战胜他，因此陛下尽管放心。即使发兵去救，轻骑平均每天可走五十里，重骑平均才三十里，根本不是救急之兵。"陈汤知道乌孙之军皆乌合之众，不能持久进攻，他推算了日期后说："现在那里的包围已经解除，不出五天，会有好消息的。"过了四天果然军书报回，说乌孙兵已解围而去。

冯 异

汉冯异当论功，独立大树下，不夸己绩；汉文帝尝劳军，亲幸细柳营，按辔徐行。

——《增广贤文》

介绍

冯异（？—34年），字公孙，颍川父城（今河南宝丰东）人。东汉开国名将，"云台二十八将"之一。在刘秀统一天下的过程中，任征西大将军，为刘秀平定关中立有大功。冯异因连年征战，东汉建武十年（34年），在对陇右的作战中，病故于军中。

"大树将军"

冯异素好读书，精通《左氏春秋》《孙子兵法》。冯异早年为王莽效力，后归奔刘秀并立下汗马功劳。冯异是东汉佐命虎臣，他作战勇敢，常为先驱，善用谋略，料敌决胜，治军严明，关心民瘼，东汉创业，其功甚伟。尤其是冯异平赤眉、定关中之功，深得汉光武帝刘秀的信任。

冯异平定关中之后，曾有人传言说冯异有为"关中王"之心，冯异听到后心中非常不安，提出要留妻子儿女于洛阳，以使刘秀放心。但刘秀则对此流言毫不在意，命冯异带家眷一同回关中，表示了对冯异的极大信任。

冯异为人谦让，道遇诸将，往往驱车让路。行军时每到一处，安营完毕，将领们总是坐在一起，讨论功绩。冯异则常常独自避坐在大树之下，并不与众人争功，由此得到了"大树将军"的美名。攻破王郎后，刘秀整编部队，对将领也重新做了调整，使之各有统属。军士都言愿属"大树将军"，刘秀因此对他更为欣赏和重视。

大破赤眉军

建武二年（26年），光武帝封冯异为阳夏侯。冯异率军击败严终、赵根。光武帝下诏，命其回乡祭扫先人陵墓，命太中大夫送去牛酒，命二百里内太守、都尉以下的官员和他的宗族前往会祭，以示荣宠。

时赤眉军和延岑的部队活动于三辅地区，郡县的世家大族也拥兵滋乱。大司徒邓禹无法平定，光武帝决定让冯异替代他前往征讨。冯异临行，光武帝亲自送他到河南，赐他乘舆七尺宝剑。

冯异顿首受命，引军向西行进，所到之处，施恩于民，取信于民。弘农地区原有十几个自立为将军的，但由于冯异威行信成，都率众归降。

冯异在华阴和赤眉军相遇。两军相持了六十余日，发生了几十次战斗，冯异击降赤眉将领刘始、王宣及所部五千多人。建武三年（27年），朝廷任命冯异为征西大将军。邓禹率车骑将军邓弘回军，和冯异相遇，邀约冯异共同进攻赤眉。

冯异预先派精壮将士，打扮成赤眉军的模样，埋伏在路旁。作战时，冯异故意以弱示敌，当赤眉军一万多人已经打到前部，才出兵救援。赤眉军见汉军兵势不振，就调来大部队，想一举全歼。冯异遂纵兵与之大战，鼓角齐鸣，呼声震天。战至下午，赤眉兵势渐衰，汉军伏兵突然冲出，由于他们跟赤眉衣服相同，无法识别，赤眉军败退。冯异驱兵追击，直到崤底崤山谷地，大破其军，收降八万多人。剩下的十几万人，跑到宜阳后，也全部投降。至此，前后延续十年之久的赤眉农民起义战争遂告失败。

马　援

　　大丈夫立志，穷当益坚，老当益壮。

　　　　　　　　　　　　　　　　——马援

介绍

马援（公元前14—公元49年），字文渊，东汉开国功臣之一，扶风茂陵（今陕西兴平东北）人。新莽末年，天下大乱，马援初为陇右军阀隗嚣的属下，甚得隗嚣的信任。归顺光武帝刘秀后，为刘秀的统一战争立下了赫赫战功。天下统一之后，马援虽已年迈，但仍请缨东征西讨，西破羌人，南征交趾（今越南），因功被封为伏

055

波将军，新息侯。其"老当益壮""马革裹尸"的气概甚得后人的崇敬。

少有大志

马援是战国时代著名将领赵奢的后人，因赵奢被封为"马服君"，所以其后世子孙皆以马为姓。西汉时期，马氏家族由邯郸迁徙到关中定居。

马援家族世代为官，祖父马宾在汉宣帝时期任持节郎官；父亲马仲曾作过玄武司马。但在马援很小的时候，父亲就死了，家道中落，他便随哥哥马况生活。马援性格坚毅,少有大志。成年以后,长得身材魁梧,相貌英俊。哥嫂让马援去学诗习文,他却偏偏爱舞枪弄刀,论兵习武。他看到家里的生活困顿艰难,就向哥嫂要求到边塞去放牧。马况深知弟弟的志向远大,并不在牧羊鞭上,便鼓励他说:"你很有才能,但可能成熟得晚一些,千万不要灰心。"马援听后,心里非常感动,对自己的兄嫂更加敬重。

哥哥去世以后,马援对寡嫂加倍敬重,待如老母。服丧一年后,老嫂说:"男子汉怎么能总守在家里呢?你要实现自己的理想和志向,就要到外面的世界去闯荡啊!"因此,马援离开老嫂身边,决定到外面去建功立业。

定国安邦

建武十一年(35年)夏,马援率3000步骑出战临洮西羌部

落。在一次战斗中，他腿部中箭，疼痛难忍，但因敌众我寡，情况危急，为稳定军心，马援便不动声色，命令主力依山列阵，牵制敌军，另派数百骑兵绕到敌后，乘夜放火，擂鼓呐喊。羌兵不知底细，以为汉朝大军杀来，慌忙逃窜，马援指挥部队趁机追杀，歼敌千余名，收复了金城郡（今兰州西）。在这次作战中，马援采取避实就虚、迂回侧袭等战术，仅以3000兵马击败数万敌军，建立了赫赫战功。光武帝亲笔写信慰劳马援，并赐牛千头犒劳军中将士。

马援率部攻占金城郡后，有的朝廷大臣上书光武帝说金城离中原遥远，且敌寇众多，难以久治，主张放弃这块土地。马援据理力争，他上书光武帝说："金城现已占据，破羌不易，应驻军加固。其田土肥沃，灌溉便利，据守此地可破邻羌侵扰，不可放弃。"刘秀认为马援说得对，遂令他为武威太守，驻守金城。马援领命后，率军驻防，屯田戍边，操兵习武，兵民一体，使金城郡马畜滋繁，方圆百里一片兴盛气象。羌人听说马援在此御守边塞，也不敢再作乱，纷纷上门和亲修好。

班 超

不入虎穴，不得虎子。

——班超

介绍

班超（32—102年），东汉名将，字仲升，汉扶风平陵（今陕西咸阳东北）人。班超是著名史学家班彪的幼子，其长兄班固、妹妹班昭也是著名的史学家。班超为人有大志，不修细节，但内心孝敬恭谨，审察事理。他曾出使西域，为平定西域，促进民族融合，做出了巨大贡献。

投笔从戎

班超出生的时候，其父班彪还在县令的位置上，后来因病去职，病好之后专心致力于修史工作。其兄班固，少有才气，九岁即能作文诵诗，长大之后继承父业，整理古籍，专心治史。班超的才气虽赶不上其兄，但也聪明伶俐，勤奋好学，尤其是他练就了一张好口才，能言善辩，反应敏锐，这为日后出使西域奠定了基础。

汉明帝永平五年（62年），班超的哥哥班固赴任校书郎，班超和母亲跟随哥哥来到洛阳。由于家中贫寒，经人介绍，班超常在官府里干些抄抄写写的文书工作来谋生，十分辛苦。班超非常想建立一番功业，对整天抄写官报文牍感到很厌烦，一天，他把笔掷于地上，仰天长叹道："大丈夫没有别的志向谋略，总应该效法傅介子、张骞一样立功在异域，以取得封侯，怎么能长久地与笔墨纸砚交道呢？"周围的同事们听了这话都笑他。班超说："凡夫俗子怎能理解志士仁人的襟怀呢？"

永平十六年（73年），奉车都尉窦固带兵出击匈奴，班超加入了西征的队伍，并被任命为假司马（军中参谋人员），率领一支军队另外攻打伊吾（今新疆哈密市），班超终于可以如愿以偿地施展自己的抱负了。著名的典故"投笔从戎"就是出自于此。

"不入虎穴，焉得虎子"

在这次出击匈奴的作战中，班超随从窦固左右，出酒泉，进天山；大战匈奴呼衍王，追杀残敌于蒲类海（今新疆巴里坤湖）；夺取伊吾（今新疆哈密西），横渡沙海600里，一直挺进到三木楼山，而后班师凯旋。这次出击取得了东汉时期对北匈奴的第一次重大军事胜利。

随后，班超在窦固的极力推荐下，奉命以假司马的身份出使西域的鄯善国（原名楼兰国）。起初，鄯善王对班超一行招待备至，后来却突然变得冷淡。班超和部下们分析后认为，这一定是匈奴派人来拉拢鄯善王，使其举棋不定，不知该投向哪一方的缘故。为了弄清原因，一天晚上，班超将馆舍中的侍役召进来，好酒好菜进行款待。酒至半酣时，班超突然诈他说："匈奴的使者这几天住在哪里？"这位侍役被这突然一问，惶恐起来，就如实告知了班超。

班超了解情况后，就暂时把这一侍役看押起来，然后将随行的36名吏士召集到一起商量对策。班超说："我们奉命出使西域是为

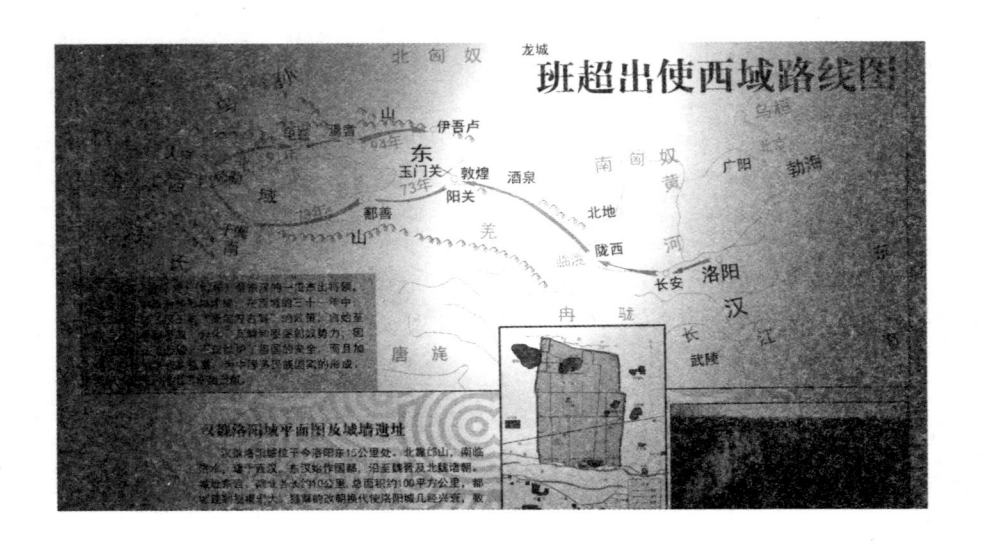

了建功立业,报效国家。现在匈奴的使臣破坏了我们的大计,鄯善王又想信附匈奴,对我等傲慢无礼。因此我们今夜要灭匈奴使者,震慑鄯善国王!"有人疑忌此举凶多吉少,班超瞪着眼睛说道:"不入虎穴,焉得虎子?吉凶与否决于今日,否则还算得上壮士吗?"

当夜,班超带领吏士径直奔往匈奴使者的营帐,正巧夜空中突然刮起大风,四周风沙弥漫。班超命十名吏士携鼓号伏于匈奴营帐的后侧,约定见到火光之后,立刻擂鼓鸣号,助威呐喊,截断后路。其他人手持强弩,埋伏在营帐两侧。安置完毕,班超即顺风纵火,前后呼应,冲杀之声大起。匈奴使者在梦中惊醒,胡乱奔撞。班超首先闯入营帐,将匈奴使者屋赖带及其随从30余人虏获斩杀,其余100多人被烧死,整个使团无一人幸免。

段　颎

> 伟哉汉将,粤若新丰。能抚士卒,以平羌戎。良史书德,群贤仰功。庙食之典,皇朝益崇。
> ——《事林广记》中陈元靓对段颎的称赞

介绍

段颎(?—179年),字纪明,武威姑臧人,东汉名将。西域都护段会宗从曾孙。少时习弓,有文武智略,初举孝廉,后戍边十余年。段颎屡破羌军，先后交战180次，斩杀近4万人。汉灵帝时官至太尉。与皇甫规（字威明）、张奂（字然明）皆籍隶凉州，合称"凉州三明"。

折节读书

段颎出身官宦之家，不过到了他这一辈，只做了一个"掌守陵园，案行扫除"的小小宪陵园丞。段颎从小习弓马，崇尚游侠，轻财贿，充满豪气。等到年纪稍大了，他才收敛脾性，读书识字。成语"折节（改变过去的志趣和行为）好学"就是由段颎的故事而来的。

通过努力学习，不过几年，段颎以能力闻于庙堂，迁辽东属国都尉，职务相当于大汉朝的移民官，管签证兼作保安武官。辽东属国（辽河以西至锦州一带），内附的乌桓、鲜卑难民暴动，段颎职责所在，领兵平暴。鲜卑难民的战法来去无踪，他恐贼惊去，忽发奇想，伪托一封皇帝让他即日班师回营的诏书，一边佯装撤退，一边在路上设下伏兵。结果，信以为真的鲜卑人果然前来追赶，正中段颎的伏兵计，鲜卑人大败。

平定叛乱

159年，段颎被任命为护羌校尉。此时正遇上西羌八部反叛，段颎带兵围剿，将其击溃。

第二年春，金城烧当羌与烧何羌联合，北攻张掖属国，杀属国官吏，并袭击段颎营地。段颎猝不及防，一场苦战，险些败覆。等羌兵引退，段颎率军追杀，昼夜相攻，割生肉、吞积雪，追杀了四十多天，追到河首积石山，出塞二千余里，斩烧何大帅，首虏五千余人。又分兵击石城羌，斩首溺死一千六百人，烧当羌被迫投降。屯聚在白石的其他羌部也被段颎袭击，斩首三千多人。勒姐、零吾羌围允街，又被段颎击败。

延熹五年（162年），凉州又爆发了东西羌叛乱。三月，上郡沈氐羌攻打张掖、酒泉；七月，乌吾羌攻打汉阳；十一月，滇那诸羌五六千人攻打武威、张掖、酒泉。到延熹六年（163年），出现了"寇势转盛，凉州几亡"的异常紧张的局面，东汉迫于无法应付危局，只得把调任并州刺史的段颎调回来继续当护羌校尉。

延熹七年（164年），段颎以威逼、利诱两手迫降了良多、滇那等羌三千余部落，不降的当煎、勒姐等羌被段颎击破，斩首四千多级。延熹八年（165年），段颎又出击勒姐羌，斩首四百余级，迫降二千余人；夏，段颎出兵湟中，攻打当煎羌。段颎自春及秋，无日不战，一直打到永康元年，西羌叛乱被段颎平定，段颎也因此封侯。

关　羽

　　关羽、张飞皆称万人之敌，为世虎臣。羽报效曹公，飞义释严颜，并有国士之风。然羽刚而自矜，飞暴而无恩，以短取败，理数之常也。

——陈寿

介绍

　　关羽（约160—220年），字云长，河东解县（今山西运城）人。东汉末年的名将。刘备起兵时，关羽跟随刘备，忠心不二，深受刘备信任。刘备、诸葛亮等入蜀，关羽镇守荆州，刘备夺取汉中后，关羽乘势北伐曹魏，曾围襄樊、擒于禁、斩庞德，威震华夏，中原震动，但是东吴偷袭荆州，关羽兵败被害。

忠义之士

建安五年，曹操东征，刘备兵马溃败，投奔袁绍。曹操活捉关羽而回，任命关羽为偏将军，待他非常客气，想使关羽真心辅佐自己。而关羽时刻想找到刘备的军队，无心在曹操手下，想找到取得战绩的机会以答谢曹操的盛情。

此时，正值袁绍派遣大将军颜良到白马进攻东郡太守刘延，曹操让张辽和关羽作先锋迎击颜良。关羽远远望见了颜良的旗帜和车盖，便策马驰入千军万马之中刺杀颜良，割下颜良首级回到营中，于是解了白马之围。曹操大喜，当即上表奏请朝廷封关羽为汉寿亭侯。

曹操十分佩服关羽的为人，一心想留下他，可观察他的心情神态并无久留之意，就对张辽说："你凭私人感情去试着问问他。"不久张辽询问关羽，关羽感叹地说："我非常清楚曹公待我情义深厚，但是我受刘将军的深恩，发誓与他同生死，不能背弃他。我终将不能留下，我必当立功来报答曹公后才离开。"张辽将关羽的话回报给曹操，曹操认为他是真正的义士。关羽杀了颜良之后，曹操知道他一定会离走，便重加赏赐。关羽全部封存曹操给他的赏赐，呈书告辞，到袁绍军中投奔刘备去了。曹操左右的人想要追赶关羽，曹操说："各人都是为了自己的主人，不必追了。"

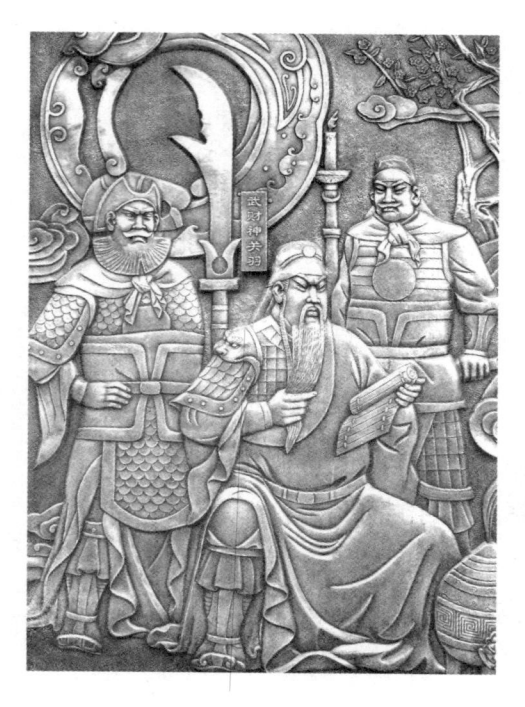

水淹七军

建安二十四年（219年）七月，关羽在安排好南郡太守糜芳守江陵、将军傅士仁守公安之后，觉得后方没有什么问题了，于是就率驻扎在江陵的大部分荆州军队，浩浩荡荡地向曹军占领的襄阳、樊城进发，很快将襄阳、樊城分别包围起来。

当时关羽主攻的是樊城，樊城守将曹仁抵挡不住关羽军队的进攻，一方面坚守在樊城不出战，一方面连连向曹操告急求援。

曹操在长安除了指令曹仁拒守樊城不能弃城之外，又急忙派遣左将军于禁、立义将军庞德前去樊城援助曹仁，抵御关羽军队的进攻。

曹操派于禁督率七军，所谓"七军"是指七路人马。当时曹仁使于禁、庞德军驻扎在樊城北十里之地，这一带是汉江改道的低洼地区。

由于关羽长期征战在荆襄地区，了解当地的地理环境和气候条件。他看到曹军秋季错误地驻扎在低洼地区，于是就命令荆州军造大船，并调水军集结待命。

秋八月，时逢大连阴雨连续下了十多天，汉水暴涨溢岸，大水沿着汉江故道河床低洼地带分三路涌来；再加上唐河、白河、小清河及西北的普沱沟、黄龙沟、黑龙沟等地的山洪暴发之水，曹军驻扎的区域内水有五六丈深，于禁等七军皆被大水淹没。

于禁与诸将登高望水，一片汪洋，无处躲避。他只好与庞德等将领上堤避水。这时，关羽命令他的水军乘船猛烈攻击被大水所围困的曹军，并在大船上向曹军避水的堤上射箭，曹军死伤落水被俘者甚多。在全军覆没的窘迫情况下，于禁被迫向关羽投降，而庞德却顽强抵抗，终被擒住，拒不投降，遂为关羽所杀。

关羽擒于禁，斩庞德，威震华夏，曹操一度想迁离许都以避其锋，水淹七军之役，成为关羽征战生涯中最辉煌的一段。

张 飞

勇而有义，皆万人之敌，而为之将。

——傅干

介绍

张飞（？—221年），字益德（《三国演义》中字翼德），涿郡（今河北涿州）人，三国时期蜀汉重要将领。官至车骑将军，封西乡侯。

史书记载张飞出身贵族，有智有谋。河北涿郡豪绅，雄壮威武，颇有胆识，跟随刘备起兵，曾率领20骑阻挡了数千骑追兵，助刘备脱险，入川后又出奇兵破敌将张郃于宕渠。张飞作战勇猛，被称为"万人敌",并擅长书法和绘画。与关羽、诸葛亮并称"蜀汉三杰"。章武元年(221年)死于部下暗杀,谥恒侯。

当阳雄风

刘备曾背弃曹操到荆州投奔刘表,公元208年,刘表死后,曹操乘机攻打荆州,刘备向江南撤退。曹操军队追击一日一夜后到达当阳长坂。刘备听说曹操军队即将追上,快速逃跑,连妻子和孩子都被冲散了。张飞率领二十名骑兵断后,凭借一条河水阻挡敌人,他先命人破坏了桥梁,然后站在桥头瞪着眼睛,拿着长矛,大喊:"我是张益德,谁敢过来决一死战!"敌人一时被惊呆了,没有人敢上前决斗。如此,刘备才得以逃脱。后人有诗称赞道:"长坂桥头杀气生,横枪立马眼圆睁。一声好似轰雷震,独退曹家百万兵。"

义释严颜

严颜为刘璋部将。建安十六年(211年),刘备入蜀攻打刘璋,当时严颜为巴郡太守,知道刘备入蜀事,曾说:"此所谓'独坐穷山,放虎自卫'者也。"建安十九年(214年),刘备进攻江州,严颜战败被俘,张飞对严颜喝道:"我们的大军攻打过来,你们为什么不投降而胆敢迎战?"严颜回答说:"你们没有信义,侵略、夺取我们的州郡,我们这

里只有断头的将军，没有投降的将军。"张飞十分生气，命左右将严颜拉出去斩首，严颜神色不变，从容地说："砍头便砍头，何必发怒！"张飞敬佩严颜的勇气，于是释放了严颜并以宾客之礼相待。

周　瑜

　　曹公乘汉相之资，挟天子而扫群桀，新荡荆城，仗威东夏，于时议者莫不疑贰。周瑜、鲁肃建独断之明，出众人之表，实奇才也。

——陈寿

介绍

周瑜（175—210年），东汉末年名将，汉族，字公瑾，庐江舒县（今安徽庐江）人。洛阳令周异之子，有姿貌、精音律，江东有"曲有误，周郎顾"之语。周瑜少与孙策交好，后孙策遇刺身亡，孙权继任。周瑜将兵赴丧，以中护军的身份与长史张昭共掌众事。建安十三年（208年），周瑜率东吴军与刘备军联合，赤壁之战大败曹军，由此奠定了三分天下的基础。建安十五年病逝。

少年儒将

周瑜出身士族，堂祖父周景、堂叔周忠，皆为汉太尉。其父周异，曾任洛阳令。周瑜本人身材高大，相貌俊美，志向远大。周瑜与孙策是挚友。当年孙坚兵讨董卓时，家小移居舒县。孙策和周瑜同岁，交往甚密。周瑜让出路南的大宅院供孙家居住，且登堂拜见孙策的母亲，两家有无通共。周瑜和孙策在此广交江南名士，很有声誉。

孙坚死后，孙策继承父志，统率部卒。周瑜从父周尚为丹阳太守，周瑜去看望，时孙策入历阳（今安徽和县西北），将要东渡，写信给周瑜。周瑜率兵迎接孙策，给他以大力支持。

建安三年（198年），周瑜经居巢回到吴郡（今江苏苏州）。孙策闻周瑜归来，亲自出迎，授周瑜建威中郎将，调拨给他士兵两千人，战骑五十匹。此外，孙策还赐给周瑜鼓吹乐队，替周瑜修建住所，赏赐之厚，无人能与之相比。孙策还在发布的命令中说："周公瑾雄姿英发，才能绝伦，和我有总角（从小一起长大的朋友）之好，骨肉之情。在丹阳时，他率领兵众，调发船粮相助于我，使我能成就大事，论功酬德，今天的赏赐还远不能回报他在关键时刻给我的

支持呢！"周瑜时年二十四岁，吴郡人皆称之为"周郎"。

因庐江一带士民素服周瑜的恩德信义，于是孙策命他出守牛渚，后来又兼任春谷长。不久，孙策欲取荆州，拜周瑜为中护军，兼任江夏（治湖北新州西）太守，随军征讨。周瑜、孙策攻破皖城，得到乔公两个女儿，皆国色天姿。孙策自娶大乔，周瑜娶小乔。孙策对周瑜说："乔公之女，虽经战乱流离之苦，但得我们二人做女婿，也足可庆幸了。"接着进攻寻阳，打败刘勋，然后讨江夏，又回兵平定豫章（今江西南昌）、庐陵（今江西吉安）。周瑜留下来镇守巴丘（今江西峡江县，并非病逝之巴陵巴丘）。

赤壁周郎

建安十三年（208年）九月，曹操进兵荆州，刘琮率人马投降，曹操得到了他的水军，水兵、步兵几十万人马向江东席卷而来。吴军将士听说此事后都很恐惧，孙权召见众属下，询问计策。议论的人都说："曹公是豺虎一样的人，但他假借汉朝丞相名义，挟持天子，征讨四方，行动都以朝廷为借口，现在如果抵抗他，事情就更不顺利。况且将军您的优势，可以用来抵御曹操的是长江。如今曹操得到荆州，全部占领了那一地区，刘表训练的水军，大小战船，数以千计，曹操全部把他们沿江摆开，还有步兵，水陆齐下，这就是长江天险，他已经和我们共有了。而敌我实力的强弱，又不能相提并论，我们认为最上策不如迎接他。"

周瑜听后极力反对道："这种说法是不对的！曹操虽然假借汉朝丞相的名义，其实是汉朝的奸贼。将军您以神勇英武的雄才，又依仗父兄的功业，割据江东，土地方圆几千里，军队精良，物资充足，英雄乐意报效，正应当横行天下，为汉朝除去奸邪恶贼。何况曹操亲自来送死，怎么能不去迎接他呢？请让我为将军您筹划此事：如今假使北方已经安定，曹操没有后顾之忧，能够旷日持久前来争夺疆域，又能够同我们在船舰上较量胜负吗？如今北方并没有安定，加上马超、韩遂还在潼关以西，是曹操的后患；而曹操舍弃鞍马，依仗舟船，和吴越的人争斗较量，这并不是中原人的长处；并且现在天气严寒，战马没有草料；驱使中原的士兵长途跋涉江湖之间，不服水土，必定生出疾病。这四种情况，是用兵的禁忌，而曹操都贸然为之。将军您擒获曹操，应该就在今天。我请求得到精兵三万人，进军驻守夏口，保证为将军您打败曹操。"孙权说："老贼想废掉汉室自立为皇帝已很久了，只是顾忌袁绍、袁术、吕布、刘表和孤罢了。如今几位雄杰已经灭亡，只有孤还在，孤与老贼，势不两立。您说应当抗击，和孤的心意非常相合，这是上天把您授予给我啊。"

这时刘备被曹操打败，想率军南渡长江，和鲁肃在当阳相遇，于是就共同商议计策，就进驻夏口，派诸葛亮去拜见孙权。孙权于是就派周瑜和程普与刘备合力迎击曹操，在赤壁见面。刘备担心周瑜兵力太少，放心不下，周瑜从容地说："此自足用，豫州但观瑜破之。"

这时，曹操的军队士卒因为水土不服而发生了疾病，刚一交战，曹军失败后退，撤军驻扎于长江北岸。周瑜等人在南岸。周瑜的部将黄盖说："现在敌众我寡，难以和他们长时间相持。但是看曹操军队的船舰首尾相连，可以用火烧而打败他们。"就取来蒙冲斗舰几十艘，装满柴草，中间灌注膏油，帷幕裹盖，上面树起牙旗，先写信通报曹操，说要投降。又预备了快艇，分别系在大船后面，就依次一起向前驶去。曹操军队的将士都伸长脖子观看，指点说黄盖来投降了。黄盖放开各条船只，同时点着火。这时风势很猛，大火蔓延烧着了岸上的营寨。不久，烟火冲天，人马烧死淹死的很多，曹军败退，返回守卫南郡。刘备和周瑜等人又共同追击。曹操留下曹仁守江陵城，自己径直返回北方。

赤壁之战是中国历史上以少胜多的著名战役之一，奠定了三国鼎立的基础。作为主要指挥的周瑜，其才干和气度也被世人传为佳话。

吕　蒙

吕蒙勇而有谋断，识军计，谲郝普，擒关羽，最其妙者。初虽轻果妄杀，终于克己，有国士之量，岂徒武将而已乎！

——陈寿

介绍

吕蒙，东汉末年名将，字子明，汝南富陂（今安徽阜南吕家岗）人。由于曾被封为虎威将军，故亦称吕虎威。曾经乘名将关羽北伐曹魏、荆州空虚之时，偷袭荆州成功，使东吴国土面积大增。吕蒙发愤勤学的事迹，成为了中国古代将勤补拙、笃志力学的代表，与其有关的成语有"士别三日，刮目相待""吴下阿蒙"等。

立志报国

吕蒙少时，南渡长江，依附姐夫邓当。时邓当为孙策的部将，数次征伐山越。吕蒙年仅16岁，便私自随邓当作战。后为邓当发现，大惊，厉声呵斥也无法阻止。作战归来，邓当将此事告吕母。吕母生气，欲责罚吕蒙，吕蒙说："贫贱难可居，脱误有功，富贵可致。且不探虎穴，安得虎子？"吕母听后，心怀怜惜，饶恕了他。

当时邓当手下有一个官员，见吕蒙年幼，很轻视他，说："你这小子能做什么？你上阵和敌人交战，简直就是用肉去喂老虎。"后来，又当面耻笑羞辱吕蒙。吕蒙大怒，举刀杀了他，而后逃到同乡郑长家中，后通过校尉袁雄出来自首，袁雄为吕蒙从中说情，并将他推荐给孙策。孙策见吕蒙确有过人之处，便把他安排在身边做事。

白衣渡江

建安二十四年（219年），曹操被关羽打得喘不过气来，一面尽全力阻挡关羽，一面派人"许（诺）割江南以封（孙）权"，使孙权起兵袭击关羽的后方来减轻曹魏的压力。加上东吴集团中的有识之士，一直都有全部占领荆州的主张，于是东吴开始等待袭击荆州的机会。

不久后，关羽征讨樊城，留下部分兵力驻守公安、南郡。吕蒙上疏指出："关羽征讨樊城而多留防守的部队，必定是担心我谋取他的后方。我时常患病，请分派一部分兵力回建业，以我治病为名。关羽听到这一消息后，必定撤走留守后方的部队，尽数开往襄阳。那时我们大部队从水路昼夜逆流而上，袭击蜀军空虚所在，则南郡可得，而关羽也就可以擒获了。"

很快，吕蒙假装病重，孙权公开发布文书召吕蒙回建业，暗中与他密商计策。关羽果然信以为真，逐渐撤走南郡的留守部队开赴樊城。魏国派遣于禁救援樊城，关羽将于禁等全部抓俘，夺得人马数万，借口缺粮，擅自取走吴国运往吴、蜀交界处湘关的大米。

孙权见时机已经成熟，立即派吕蒙军至寻阳。吕蒙将精兵全部埋伏在大船之中，让人穿着一般衣服作百姓的模样摇橹，船中坐着的兵士不穿甲胄而打扮成商人的模样，昼夜兼程，来到关羽设在江边的哨所，将哨兵们全部俘虏。吴军抵达南郡，士仁、糜芳都投降了吕蒙。

吕蒙进城中，尽得关羽和其他将士的家眷，对他们进行安抚劝慰，约定吴军不得干扰百姓，不能索要任何东西，军纪十分严明。吕蒙还日日派出亲近的将士去慰问抚恤老年人，有病者给他派医送药，饥寒者给他送粮送衣。关羽府中所藏的财货，都封存起来等待孙权前来处置。

关羽在返回江陵的路上，多次派人打听吕蒙进城后的消息，吕蒙都厚待关羽派来的人，让他们周游城中，到各家致意问候，或者让家人亲自给军中的将士写信说明情况。关羽的使者回到军中后，将士们私下里互相探询，都知道家中安然无恙，所受的待遇比过去更好，故此关羽全军将士失去了斗志。正逢孙权大军来到江陵，关羽自知势孤力穷，于是逃往麦城，西行到漳乡，兵士们大都离开关羽投降孙权。孙权派朱然、潘璋卡住关羽必经的道路，将他们父子二人全都抓住，于是吕蒙占领了荆州。

陆　逊

　　刘备天下称雄，一世所惮，陆逊春秋方壮，威名未著，摧而克之，罔不如志。予既奇逊之谋略，又叹权之识才，所以济大事也。及逊忠诚恳至，忧国亡身，庶几社稷之臣矣。抗贞亮筹干，咸有父风，奕世载美，具体而微，可谓克构者哉！

——陈寿

介绍

陆逊（183—245年），本名陆议，字伯言，吴郡吴县（今江苏苏州）人。三国时期东吴名将，历任吴国大都督、上大将军、丞相。章武二年（222年），陆逊在夷陵击败刘备所率蜀汉军，一战成名，并成为东吴重臣。以后陆逊在东吴出将入相，晚年因卷入立嗣之争、力保太子孙和而累受孙权责罚，忧愤而死。

火烧连营

黄武元年（222年），刘备为报吴夺荆州、杀关羽之仇，亲率大军来到吴国西部边界，孙权任命陆逊为大都督，率五万人马抵御刘备。

刘备从巫峡、建平至夷陵边界，连接扎营几十座，任命冯习为大都督，张南为前锋。刘备先派吴班带领数千人在平地扎营，想以此向吴军挑战。东吴各将都想进击吴班，陆逊说："蜀军此举必定有诈，暂且观察一下。"

刘备知道自己的计谋不得逞，于是带领八千名伏兵，从山谷中撤出。

两军相持很久，陆逊却并不急于出兵。众将领都说："进击刘备应当在他刚进军的时候，如今让他深入境内五六百里，相互对峙七八个月，很多要害关隘都被他们控制坚守，现在出击必然对我们不利。"陆逊说："刘备是个狡猾的敌人，经历的事故很多，他的军队刚刚集结时，考虑精密，用心专一，不可轻易进犯他。如今他驻扎时间很长了，没有占到我们的便宜，军队疲惫情绪沮丧，再也想不出新的计策，抵触这种敌人，现在正是时候。"于是陆逊先出兵进攻蜀军一处营寨，没能成功。众将领都说："这是白白让兵卒去送死。"陆逊说："我已掌握到打败敌人的办法了。"于是命令全军将士每人拿着一把茅柴，用火攻击蜀军的营寨，在熊熊大火的"掩护"下，陆逊率领各军进攻，斩杀蜀将张南、冯习等人，攻破蜀军四十多处营寨。刘备的将领杜路、刘宁等走投无路而被迫请降。刘备登上马鞍山，列阵布军防守。陆逊督促各军四面收围紧逼，蜀军土崩瓦解，死者数以万计，刘备也乘黑夜逃入白帝城。因恼羞于夷陵惨败，刘备一病不起，并于次年四月病死于白帝城。

大败曹休

黄武七年（228年），孙权让鄱阳太守周鲂诈降魏国大司马曹休，曹休中计进军皖县，孙权于是征召陆逊，任命其为大都督，迎击曹休。曹休发觉受骗，恼羞成怒，自恃兵马众多精良，即同陆逊交战。陆逊自领中路军，令朱然、全琮率领左右两翼军队，三路一齐进击，果然冲散曹休的伏兵，因势尽力驱赶，往北追击败逃之敌人，径直赶到夹石，斩杀俘获一万多人，缴获牛、马、骡、驴等车一万辆，将魏军军用物资、兵器抢掠干净，曹休败还后，发背疽而死。

杜　预

>　　常爱杜元凯语，若江海之波，膏泽之润，焕然冰释，怡然理顺，然后为得也。
>
>　　　　　　　　　　　　　　　　　　——程颐

介绍

　　杜预（222—285年），字元凯，京兆杜陵（今陕西西安东南）人，西晋时期著名的政治家、军事家和学者，灭吴统一战争的统帅之一。功成之后，耽思经籍，博学多通，多有建树，被誉为"杜武库"。著有《春秋左氏经传集解》及《春秋释例》等。

博学多才

　　杜预虽然生长在官宦人家，但不是那种只知享乐的纨绔子弟。他从小博览群书，勤于著述，对经济、政治、历法、法律、数学、史学和工程等学科都有研究。当时的人曾给他起个"杜武库"的外号，称赞他博学多通，就像武器库一样，无所不有。他特别爱读《左传》，自称有《左传》癖，著有《春秋左氏经传集解》三十卷。

巧取乐乡

　　咸宁五年（279年），晋武帝调集大军二十多万，兵分六路，水陆齐进，大举进攻东吴。晋武帝任命杜预为西线指挥，具体任务是取江陵、占荆州，并且在荆州地区负责调遣益州刺史王濬的水师。

咸宁六年（280年）正月，杜预命令他的军队包围江陵。江陵城防坚固，易守难攻。杜预不想在这里消耗时间和兵力，对它只是围而不歼。在切断了江陵和外部的联系之后，他立即调动一部分兵力向西进攻，夺取沿江的一些城池。一个漆黑的夜晚，杜预派遣几名得力的将领率领八百名精壮的士卒去偷袭江南的乐乡。这支部队在夜幕的掩护之下，神不知鬼不觉地渡过长江。他们按照主帅的计谋，一方面在山上到处点火，树立旗帜，虚张声势；一方面分兵袭击乐乡附近的各个要害地区。这把乐乡城里的吴军都督孙歆吓得坐卧不安，各处的吴军也人心惶惶，不敢随意行动。接着，杜预的人马埋伏在乐乡城外，等待时机攻城。正在这时，有一支吴军从江岸返回乐乡，于是杜预的将士乔装打扮，混杂在吴军的队伍里，溜进城里，活捉了吴军都督孙歆。杜预设计巧取乐乡，使部下将士十分钦佩。

　　在扫清江陵的外围之后，杜预很快拿下江陵，占据荆州。接着杜预挥师东进，配合其他各路晋军攻打孙吴的都城建业。

祖　逖

介绍

　　祖逖（266—321年），字士稚，汉族，范阳遒（今河北涞水）人，东晋将领。少年时与刘琨结为好友，崇尚侠义，怀有大志。西晋末年，他率亲朋党友数百家南移，避乱于江淮间。后来上书要求北伐，晋元帝授他为奋威将军、豫州刺史，他便率部渡江，至中流击楫，誓收复中原，所部纪律严明，得到各地人民的响应。进军江阴后，屯田积谷，造作兵器，扩充军队，联络各地坞壁武装，与后赵相抗衡。数年间，收复河南许多失地，使石勒不敢窥伺南下。当时匈奴刘耀与羯族石勒互相攻击，时机对晋朝很有利，但东晋内部起纠纷，对祖逖不支持，反而派都督戴渊相牵制。他因朝廷内明争暗斗，国事日非，忧愤而死。

闻鸡起舞

西晋末年，北方少数民族南侵，出现了许多割据政权，西晋国土不断向南缩减。祖逖是个胸怀坦荡、具有远大抱负的人，常常希望能够收复失地。他幼年时并不爱读书，进入青年时代，祖逖意识到自己知识的贫乏，深感不读书无以报效国家，于是就发奋读起书来，学问大有长进。

后来，祖逖和幼时的好友刘琨一起担任司州主簿。他与刘琨感情深厚，不仅常常同被而眠，而且还有着共同的远大理想，一心想建功立业，复兴晋国，成为国家的栋梁之才。

一天夜里，祖逖在睡梦中听到公鸡的鸣叫声，他踢醒刘琨，说："这不是令人厌恶的声音。"于是他们每天鸡叫后就起床练剑。剑光飞舞，剑声铿锵，春去冬来，寒来暑往，从不间断。经过长期的刻苦学习和训练，他们终于成为能文能武的全才。

挥师北伐

北伐中，祖逖礼贤下士，善体恤民情，即使是关系疏远、地位低下的人，也施布恩信，予以礼遇。将士"其有微功，赏不逾日"。祖逖在统治区内劝督农桑，恢复农业生产；在军队中一直实行且战且耕，以耕养战的方针，以减轻人民的负担。祖逖自身生活俭朴，自奉节俭，不畜私产，其子弟与战士一样参加耕耘、背柴负薪。他还收葬枯骨，加以祭奠。因此，北伐军得到河南地区人民群众的拥护和爱戴。

一次，祖逖摆下酒宴，招待当地的父老兄弟，一些老人流着眼泪说："我们都老了，遇到大人如同我们的再生父母，我们死有何恨？"

祖逖由于策略得当，民众归心，所以没过几年，基本上收复了黄河以南地区。晋元帝下诏擢升他为镇西将军。

在极端困难的条件下，祖逖领导下的北伐军正是依靠群众的支援，同占据绝对优势的敌人苦战四年多，终于收复黄河以南的大片土地；北伐军也由小到大，越战越强，成为一支使"石勒不敢窥兵河南"的劲旅。石勒慑于北伐军的威力，转而采取守势，他下令幽州官府修祖氏坟墓、成皋县修祖逖母亲坟墓，并写信给祖逖，请求互通使节、互市贸易。祖逖没有回信，但听任双方互市，收利十倍，于是官方和私人都富足起来，兵马也日益强壮。

陶 侃

> 侃性聪敏，勤于吏职，恭而近礼，爱好人伦。终日敛膝危坐，阃外多事，千绪万端，罔有遗漏。远近书疏，莫不手答，笔翰如流，未尝壅滞。引接疏远，门无停客。
>
> ——《晋书·陶侃传》

介绍

陶侃（259—334年），字士行（或作士衡），本为鄱阳（今江西鄱阳）人，后迁徙庐江寻阳（今江西九江西）。东晋时期名将，大司马。他精勤吏职，不喜饮酒、赌博，为人称道，是我国晋代著名诗人陶渊明的曾祖父。

一展雄才

西晋八王之乱引起江南动荡不安，西晋末年，秦、雍一带的人民因天灾和战乱，大量流徙到梁、益地区。永宁元年（301年），流民因不堪当地官吏欺压，聚众起义。西晋朝廷忙调集荆州武勇开赴益州进行镇压。被调发的荆州武勇，都不愿远征，并且受到当地官吏驱迫，遂转而屯聚起事。太安二年（303年），义阳张昌聚众在江夏起义，不愿远征的丁壮及江夏一带流民纷纷投奔张昌。张昌攻下江夏郡，旬月之间，众至三万。张昌势力的发展，引起朝廷的不安。朝廷即派南蛮校尉、荆州刺史刘弘率领军队前去镇压。刘弘上任，即提拔陶侃为南蛮长史，命他为先锋，开赴襄阳，讨伐张昌。

陶侃率军进驻襄阳，刘弘军却在宛为张昌所败。张昌转攻襄阳不下，即沿汉水进入长江。一时间，荆、江、扬等州大部分地区为张昌所控制。刘弘命陶侃进攻张昌，连战皆捷，终将这次起义镇压下去。在这个过程中，陶侃在军事上显示的才干使刘弘十分欣赏，他希望陶侃在荆州有所作为。后来，陶侃果然当上荆州刺史。

胸怀伟志

陶侃生性聪慧敏捷，做人谨慎，为官勤恳，整天严肃端坐。军中府中众多的事情，自上而下去检查管理，没有遗漏，不曾有片刻清闲。招待或送行有序，门前没有停留或等待之人。他常对人说："大禹是圣人，还十分珍惜时间，至于普通人则更应该珍惜分分秒秒的时间，怎么能够游乐纵酒？活着的时候对人没有益处，死了也不被后人记起，这是自己毁灭自己啊！"

陶侃在州府无政事时，总是早上将百块砖搬到书房外，晚上再运到书房内。别人问他原因，他回答说："我正在致力收复中原，过分的优游安逸，恐怕不能承受大事。"

檀道济

> 魏人闻檀道济死，都说："道济已死，吴子辈不足复惮。"
> ——《南史·檀道济列传》

介绍

檀道济（？—436年），南朝宋将领。高平金乡（今金乡县卜集乡檀庄）人。祖籍高平金乡（今属山东），出生于京口（今江苏镇江）。身出寒门，从军二十余年，由士兵升至大将军。东晋末，跟随刘裕攻后秦，屡立战功，官至征南大将军。元嘉八年（431年）攻魏，粮尽退兵，敌不敢追。文帝以其前朝重臣，诸子皆善战，忌而杀之。

智退敌兵

元嘉七年（430年），为解除北魏对南朝宋国的威胁，文帝命檀道济统军北伐。宋军前部到彦之进军河南，收复洛阳、虎牢等地。但很快，北魏太武帝亲自率军反击，击溃了到彦之等部，刘宋前线部队一片混乱，很多地方纷纷失守，退驻滑台。

第二年一月，檀道济率师往救滑台，军至寿张（今山东东平西南），遇魏安平公乙旃眷。檀道济领军奋勇前行，大破魏军，并乘胜北进，前后二十余日，连战三十余次，宋军多捷，进抵历城（今山东济南）。魏将叔孙建一面督军正面迎击，一面纵轻骑绕出其后，焚烧粮草。檀道济的将士虽然英勇善战，但是不料被釜底抽薪，断了军粮，就没法维持下去，准备从历城退兵。宋军中有一些兵士逃到魏营投降，把宋军缺粮的情况告诉了北魏的将领。北魏就派出大军追赶檀道济，想把宋军围困起来。宋军将士看到大批魏军围上来，都有点害怕，有的兵士偷偷逃跑了。檀道济却不慌不忙地命令将士就地扎营休息。

当天晚上，宋军军营里灯火通明，檀道济亲自带领一批管粮的士兵在一个营寨里查点粮食。一些士兵手里拿着竹筹高喊着计数，另一些士兵用斗子在量米。其实檀道济在营里量的并不是白米，而是一斗斗的沙土，只是在沙土上覆盖着少量白米罢了。有人偷偷地向营里望了一下，只见一只只米袋里面都是雪白的大米。魏兵的探子听到这个消息后，赶快去告诉魏将。说檀道济营里军粮还绰绰有余，要想跟檀道济决战，准是又打败仗。魏将得到情报，以为前面来告密的宋兵是假投降，来诱骗他们上当的，就把投降的宋兵杀了。

到了天色发白，檀道济命令将士戴盔披甲，自己穿着便服，乘着一辆马车，大模大样地沿着大路向南转移。魏将安颉等人被檀道济打败过多次，本来对宋军有点害怕，再看到宋军从容不迫地撤退，吃不准他们在哪儿埋伏了多少人马，不敢追赶。檀道济靠他的镇静和智谋，保全了宋军，使宋军安全地回师。以后，北魏也没敢轻易进攻宋朝。此次北伐，檀道济虽然没有克定河南，但在四面遇敌、军粮已断的危急情况下，镇定自若，全军而返，实属不易。自此之后，魏人惮惧檀道济的威名，不再轻易南犯。文帝嘉其智勇，晋位司空，镇守寻阳。

第三章 隋唐的英雄豪杰

贺若弼

> 弼少慷慨有大志,骁勇便弓马,解属文,博涉书记,有重名于当世。
> ——《隋书·贺若弼列传》

介绍

贺若弼(544—607年),复姓贺若,字辅伯,鲜卑族,河南洛阳人,隋朝著名将领。

少承父志

身为将门之后,又处战乱年代的贺若弼,从小热衷于习练武艺、研读兵书。

贺若弼的父亲贺若敦是北周很有名气的将领。560年,北周派贺若敦率兵攻陈朝。贺若敦独率一军,艰苦征战,一举攻破长江防线,打败陈军,并一鼓作气攻入陈朗管辖的湘州(今湖南长沙)。因北周还不具备灭陈的实力,其东面还有一个敌对势力北齐,因此,无法出兵支援贺若敦,他在此坚持一年

多后，只好率兵撤回江北。掌握北周大权的宇文护以畏敌撤军为名，罢了贺若敦的官，使之沦为平民。贺若敦对此极为不满。

后来由于战争的需要，贺若敦被重新起用，当上了刺史。贺若敦看到当初地位与自己相当、功劳和才能还不如自己的人都当上了大将军，而自己仅仅是个刺史，心中更加不平并发了些牢骚。有人把贺若敦心存怨恨、大发牢骚之事报告宇文护。宇文护以诽谤朝廷罪下令贺若敦自杀。贺若敦在临死前把儿子贺若弼叫到眼前，告诉他两件事：一件是他的愿望是平定江南，统一中国，结果这一愿望不仅没能实现，反而被说成是丧地无功；另一件是他的嘴爱发牢骚，因此招致杀身祸。他让儿子继承他的遗志和吸取他的教训。说完，他用锥子把儿子的舌头扎出了血，以作"锥舌之戒"，贺若弼当时只有22岁。

贺若弼发奋图强，以便创造机会完成父亲的宏愿。他借自己的才学和任小内史的便利条件，广交上层人士为友，很快就在朝廷之中小有名气。

攻诈兼用

贺若弼任吴州总管，有了继承父志的条件，他就任之后全力以赴地进行灭陈的准备工作。他训练水师，筹措船只，欺诈敌人，每一步行动都是在为伐陈创造条件，在贺若弼施展的招数中，最有效的是以马换船和诈敌。

以马换船，是指贺若弼用退役的老马换取陈朝船只的交易。渡江作战需要大量船只，隋朝占据北方，缺少足够的过江船只，仅凭造新船很难在短期内满足作战需要。隋朝军队中战马如云，尤其是北征突厥获胜之后，马匹更多，于是，贺若弼就想出了用退役老马换陈朝船只的办法。陈朝换去的马是民间使用，而隋朝换取的船是充作军用。为了防止陈兵生疑，贺若弼命令把换取的船只隐藏或分散开来。用这种办法，贺若弼为过江筹措到了大量船只。

诈敌误机，是指贺若弼经常在沿江换防之时，命令将士先大张旗鼓地集结起来，声势浩大，战旗飞舞，使陈朝军队误以为隋朝要进攻江南了，因此，也集结军队，沿江布防，准备迎战。而当陈军集结起来之后，贺若弼又下令换防开始，部队又分散开来，隋朝军队每次换防都如此虚张声势，持之日久，陈朝军队习以为常，不以为备，认定隋军集结是为了换防而不是要进攻江南。后来贺若弼又另换新招，沿江狩猎，人喧马嚣，声威甚嚣尘上。陈朝将士立即集结军队，加强防务，待将士紧张一番之后，见隋朝军队是在狩猎取乐，如此反复，陈朝将士觉得受了戏弄，隋军再有行动，他们已经麻木不仁。

589年正月初一，贺若弼率先打响了渡江战役，他率精锐士卒八千人，从江边的芦苇丛中把战船开出，乘陈军无备，一举突破陈军的沿江防线。过江之后，又沿江向陈朝都城建康挺进。就在贺若弼率军步步逼入建康之时，陈后主还在寻欢作乐。直到正月初四，隋军已接近建康，陈后主才仓促下令迎战。正月初六，贺若弼攻下建康东北门户京口，夺占其粮仓，而后逼近建康。初七，攻占建康北部的钟山。此时，陈军将士尚有十万人，而贺若弼所率军队仅有八千人，但隋军是精锐部队，贺若弼乃虎狼之将，作战异常凶猛，所到之处，陈军一触即败。正月初十，隋军贺若弼部再败陈军，而韩擒虎则已率五百士卒抢先进城，活捉了陈后主。然后，开门迎接贺若弼。至此，陈朝宣告灭亡。在灭陈的战役中，贺若弼与韩擒虎并列头功。回到京城之后，隋文帝拜贺若弼为右武侯大将军，封邑三千户，赐绢八千段，晋爵为宋国公。可谓荣极一时。

杨 素

　　杨素是猛将，非谋将；韩擒虎是斗将，非领将；史万岁是骑将，非大将。

　　　　　　　　　　——贺若弼

介绍

　　杨素（544—606年）字处道。弘农华阴（今属陕西）人。隋朝杰出军事家、诗人。出身北朝士族，北周时任车骑将军，曾参加平定北齐之役。他与杨坚深相结纳。杨坚为帝，任杨素为御史大夫，后以行军元帅率水军东下攻陈。灭陈后，晋爵为越国公，任内史令。杨广即位，拜司徒，改封楚国公。

立志报国

　　杨素出身士族，父亲杨敷为北周汾州刺史。杨素"少落拓，有大志，不拘小节"。长大后，他在文学、书法上均有造诣。

　　北周天和七年（572年）三月，北周武帝宇文邕诛杀宇文护，亲掌朝政，杨素因曾受到宇文护的重用，所以遭到株连。此时，杨素以其父杨敷死于北齐，但未受朝廷追封，便上表申诉。周武帝不理，杨素再三上表，周武帝大怒，下令杀杨素。

　　杨素高声地说："臣子辅佐无道天子，死是分内的事。"

周武帝闻后,对杨素刮目相看,赦其无罪,并追赠其父为大将军,谥忠壮。拜杨素为车骑大将军、仪同三司,并逐渐对其有了好感。周武帝又令杨素起草诏书,素下笔成章,文词华丽,周武帝赞扬道:"善自勉之,勿忧不富贵。"而杨素却回答说:"臣但恐富贵来逼臣,臣无心图富贵。"

突厥之战

自开皇初年起,隋采纳长孙晟之谋,一直对突厥施用离间计,使其内部长期混战不休。开皇十七年(597年),隋文帝允许都兰可汗之弟突利可汗娶隋安义公主为妻,并故意予以优厚礼遇,借以离间都兰可汗。都兰可汗果被激怒,乃断绝朝贡,多次骚扰隋边。

开皇十九年(599年)二月,突利可汗奏报都兰可汗制造攻城器械,准备攻击大同城(今内蒙古乌拉特前旗东北)。

隋文帝命汉王杨谅为元帅,以杨素出灵州(今宁夏灵武西南),尚书左仆射高颎出朔州(今山西朔县),上柱国燕荣出幽州(今北京城西南),三路进击突厥。都兰可汗得知隋军来攻,与达头可汗结盟,合兵掩击突利可汗。

四月,杨素军在灵州以北地区与达头可汗部遭遇。在此之前,隋将在与突厥交战时,因担心突厥彪悍的骑兵来往冲杀,都采用战车、骑兵和步兵相互交叉配合的阵法,阵外四周遍设鹿角、蒺藜等物,骑兵留在最里面。

杨素认为:"此乃自固之道,非取胜之方也"。遂抛弃这种自我保守的落后阵法,改变战术,下令各军摆开骑兵阵势。达头可汗闻之大喜道:"此天赐我也!"并下马仰天而拜,即率10余万精骑直扑隋军。上仪同三司周罗睺看到突厥求胜心切,阵形不整,乃请令率精骑迎击,杨素指挥大军随后继进,大败突厥,达头可汗带重伤逃跑，其众死伤不可胜数，号哭而去。

另一路隋军在高颎的率领下，也大破突厥，都兰可汗败逃，后被其部下所杀。杨素在此战中，敢于弃陈旧落后的车、骑、步互相卫护的保守阵法，大胆使用骑兵突击，取得大胜，再一次显示了其杰出的军事才能。

长孙晟

> 晟体资英武，兼包奇略，因机制变，怀彼戎夷。倾巢尽落，屈膝稽颡，塞垣绝鸣镝之旅，渭桥有单于之拜。惠流边朔，功光王府，保兹爵禄，不亦宜乎！
>
> ——《隋书·长孙晟列传》

介绍

长孙晟（551—609年），字季晟，河南洛阳人，隋朝著名军事将领。《隋书·长孙晟列传》中记载长孙晟"性通敏，略涉书记，善弹工射，矫捷过人"。

一箭双雕

北周大象二年（580年），突厥首领沙钵略可汗（即摄图）求婚于北周，周宣帝以赵王宇文招之女许之。娉娶时，北周与沙钵略可汗各自炫耀本土能事，并精选骁勇之士充为使者。因此长孙晟被派遣为使者，做汝南公宇文神庆的副手，送千金公主至沙钵略可汗处。北周曾先后派数十名使者前往，但沙钵略可汗多轻视而不以礼相待，却独喜爱长孙晟，并常与长孙晟游猎，以至长孙晟留住其处竟达一年之久。一次出游，遇二雕飞而争肉，沙钵略可汗给长孙晟两枝箭，并说："请射取之。"长孙晟驰马而奔，正遇双雕争夺得很激烈，遂一箭而贯双雕。沙钵略可汗大喜，命诸子弟贵人皆与长孙晟亲近，学习其射箭的本事。当时沙钵略可汗之弟处罗侯（号突利设）甚得众心，结果遭到沙钵略可汗的猜忌，处罗侯便暗中托心腹之人与长孙晟结盟。从此，长孙晟在突厥乘游猎之机，察知突厥山川形势及部众强弱。长孙晟归来后，杨坚已为北周丞相，长孙晟便将突厥的情况详细地告诉了杨坚，杨坚闻后大喜，遂将长孙晟迁为奉车都尉。

出色的外交人才

开皇十七年（597年），突利可汗派500骑随长孙晟来迎娶，隋以宗女封安义公主妻之。突利可汗依长孙晟之说，率众南徙，居度斤旧镇。此时都兰可汗气怒，常率部抄略隋境。突利可汗察知其动静，即派人报隋。因此都兰可汗每次入边，都因隋边境都先有防备而未能得逞。

开皇十八年（598年）二月，隋军分三路进击突厥，都兰可汗得知隋军来攻，大惧，遂与达头可汗结盟，合兵掩击突利，双方在长城下展开激战，突利可汗大败。都兰尽杀突利的兄弟子侄，然后率部渡河进入蔚州（今属山西）。突利与长孙晟独率五骑趁夜南逃，天明时行百余里，并收集数百名散骑。此时突利可汗却对长孙晟说："今兵败入朝，一降人耳，大隋天子岂礼我乎？玷厥虽来，本无冤隙，若往投之，必相存济。"

长孙晟闻后，知道他有二心，遂暗中派人入伏远镇（今山西大同西北），令镇中速举烽火。突利可汗见四处烽火俱燃，便问长孙晟："城上为什么点燃烽火？"

长孙晟谎称："城高地迥，必遥见贼来。我国家法，若贼少举二烽，来多举三烽，大逼举四烽，使见贼多而又近耳。"

突利可汗闻后大惧，对其部众说："追兵逼近了，我们先投奔到城中吧。"入镇后，长孙晟留其达官执室以领其众，自带突利可汗于四月入朝。隋文帝闻后，大喜，进授长孙晟左勋卫骠骑将军，持节护突厥。

四月，高颎命上柱国赵仲卿率兵3000为前锋，大破突厥，都兰可汗败逃，后被其部下所杀。杨素军在灵州以北地区与达头可汗部遭遇，也大败突厥。

十月，隋册封突利可汗为启民可汗，并赐射于武安殿。隋文帝选善射者十二人，分为两队。启民可汗说："臣由长孙大使得以见到天子，今日赐射，我愿和他在一队。"隋文帝同意。启民可汗给长孙晟六支箭，发发皆中，结果启民可汗一队获胜。时有群鸟飞过，隋文帝对长孙晟说："公善弹，为我取之。"结果十发皆中，鸟应丸而落。是日，百官得赏，其中长孙晟居多。

李　靖

尚书仆射代国公靖，器识恢宏，风度冲邈，早申期遇，夙投忠款，宣力运始，效绩边隅，南定荆扬，北清沙塞，皇威远畅，功业有成。

——李世民

介绍

李靖（571—649年），字药师，雍州三原（今陕西三原县东北）人。

隋末唐初将领，是唐朝文武兼备的著名军事家。后封卫国公，世称李卫公。李靖善于用兵，长于谋略，著有数种兵书，可惜多已散失。

文才武略

李靖出生于官宦之家，隋将韩擒虎的外甥。祖父李崇义曾任殷州刺史，封永康公；父李诠仕隋，官至赵郡太守。李靖长得仪表魁伟，受家庭的熏陶，从小就有"文武才略"，又颇有进取之心，曾对父亲说："大丈夫若遇主逢时，必当立功立事，以取富贵。"他的舅父韩擒虎是隋朝名将，每次与他谈论兵事，无不拍手称绝，并抚摩着他说："可与论孙、吴之术者，惟斯人矣。"李靖先任长安县功曹，后历任殿内直长、驾部员外郎。他的官职虽然卑微，但其才干却闻名于隋朝公卿之中，吏部尚书牛弘称赞他有"王佐之才"，隋朝大军事家、左仆射杨素也抚着坐床对他说："卿终当坐此！"

建功立业

李靖佐助李孝恭出师，仅用了两个月的时间，就消灭了江南最大的割据势力后梁，战功卓著，唐高祖诏封他为上柱国、永康县公，赏赐许多物品。

攻取江陵的战斗历程，李靖表现出了杰出的军事才干，他进一步得到了唐高祖的倚重。战事刚一结束，即擢任为检校荆州刺史，命他安抚岭南诸州，并特许承制拜授。

这年十一月，李靖越过南岭，到达桂州（今属广西），派人分道招抚，所到之处，皆望风归降。大首领冯盎、李光度、宁真长皆派遣子弟求见，表示归顺，李靖承制都授以官爵。于是连下九十六州，所得民户六十余万。自此，"岭南悉平"。高祖下诏劳勉，授任岭南道抚慰大使，检校桂州总管。李靖以为南方偏僻之地，距朝廷遥远，隋末大乱以来，未受朝廷恩惠，若"不遵以礼乐，兼示兵威，无以

变其风俗",于是率其所部兵马从桂州出发南巡,所经之处,李靖亲自访问当地的老人,询问他们的生活情况,得到当地人民的拥护,于是"远近悦服",社会安定。

尉迟恭

　　于惟鄂公,辅唐成绩。临阵摧空,万人之敌。战无不胜,攻无不克。千载而下,飨兹庙食。

——陈元靓

介绍

　　尉迟恭(585—658年),字敬德,鲜卑族,朔州鄯阳(今山西平鲁区)人。唐朝名将,封鄂国公,是凌烟阁二十四功臣之一,赠司徒兼并州都督，谥忠武，赐陪葬昭陵。尉迟恭纯朴忠厚，勇武善战，一生戎马倥偬，征战南北，驰骋疆场，屡立战功。玄武门之变助李世民夺取帝位。

得遇明主

尉迟恭年少时以打铁为业，隋朝末年，尉迟恭在高阳从军，当时隋炀帝杨广统治残暴，骄奢荒淫，爆发了大规模的农民起义，尉迟恭多次随军出征，以武勇称著，被授朝散大夫之职。

义宁元年（617年）三月，刘武周称帝，建元天兴，成为隋北方地区最大的割据势力。刘武周闻知尉迟恭作战勇猛，便将其网罗到自己麾下，担任偏将。李世民与刘武周对战时，曾降服尉迟恭，后尉迟恭被诸将排挤，李世民看出来后，跟他说："愿意，就留下来；不愿意，我可以放你走。"尉迟恭求去，于是李世民给他一笔钱。后来，李世民在战场上身陷危险，尉迟恭及时出现了。

当天，李世民率500骑兵巡视战场，至魏宣武帝陵（洛阳北邙山上）时，被突然而至的王世充所率万余步骑兵包围。王世充的骁将单雄信挺槊直逼李世民，在此危急时刻，尉迟恭及时跃马大呼，横刺单雄信落马，救了李世民，王世充军见状稍退，尉迟恭趁机护卫李世民杀出重围。随后尉迟恭再率骑兵突入王世充军中，奋勇冲杀，如入无人之境。后屈突通率大队唐军赶到，大败王世充军，尉迟恭活捉其冠军大将军陈智略，斩首1000余级，俘虏6000，王世充只身逃脱。战后，李世民特赐金银一箧，自此，君臣关系愈加密切。

武艺超群

尉迟恭精通武艺，尤其有一个绝招：善于"解避槊"，即夺取敌槊反刺对方。每次单骑冲入敌阵，敌人持槊攒刺，不但不能伤到尉迟恭，而尉迟恭常常夺取敌人之槊还刺敌军。

当时齐王李元吉也善于使槊，听说尉迟恭的本领后，很不以为然，要求与尉迟恭比武。比武前，李元吉命令部下将槊刃去掉，以竿相刺。尉迟恭说："纵使加刃，也不能伤到我。请不用除去，而我的槊倒应除去刃，免得伤到您。"两人交手后，李元吉多次以槊刃刺向尉迟恭，都未能刺中。在一旁观战的李世民问："夺槊和避槊，哪一种更难些？"尉迟恭答道："夺槊难。"于是李世民命尉迟恭夺李元吉之槊。李元吉执槊跃马，想刺向尉迟恭，不料尉迟恭片刻之间便三夺其槊。李元吉向来骁勇，虽然叹服其技艺，但也甚以为耻。

苏定方

邢国公神略翕传，雄谋勘定，辅平屯难，始终成业。疏封陟位，未畅茂典，盖缺如也。

——《旧唐书》

介绍

苏定方（592—667年），名烈，字定方，冀州武邑人。历任唐朝左武侯中郎将、左卫中郎将、左骁卫大将军、左卫大将军之职，封邢国公，加食邢州、巨鹿三百户。

青年悍将

隋大业末年，苏定方的父亲苏邕率领乡里数千人为本郡讨伐叛贼。苏定方"骁悍多力，胆气绝伦"，年仅十五岁，便随父作战，冲锋陷阵，战斗中总是一马当先。苏邕死后，郡守令其接替父亲，统率部众。苏定方"破贼首张金称于郡南，手斩金称，又破杨公卿于郡西，追奔二十余里，杀获甚众"，从此贼军不敢侵犯境内，家乡百姓均十分信赖他。不久，隋朝统治土崩瓦解，轰轰烈烈的农民起义席卷全国，各路英雄纷纷逐鹿中原，于是苏定方投奔了窦建德大军，窦建德的大将高雅贤很喜欢他，收其为养子。嗣后，他又随从高雅贤为刘黑闼大军攻城略地，屡建战功。及至刘黑闼、高雅贤败亡，苏定方回到故乡，过起了隐居生活。

阴山之战

贞观初年（627年），苏定方被唐廷重新起用，任匡道府折冲都尉。贞观四年（630年），随从李靖大军出征东突厥，两军大战于碛口（今内蒙古善丁呼拉尔）。二月，苏定方亲率二百骑兵为前锋，手持弓弩，乘雾行进，在距敌约一里路时，忽然大雾消散，发现了颉利可汗的牙帐。苏定方趁其无备，驰掩杀数十百人，颉利及隋公主狼狈散走，余众俯伏。李靖大军随后赶到，东突厥溃不成军，唐军斩首万余级，俘男女十余万，获杂畜数十万，杀隋义成公主，擒其子叠罗施。颉利率领残兵一万余人打算逃离碛口，被屯于道口的李勣部堵截，其部落大酋长也纷纷率众来降，李勣部队获五万余俘虏。此役唐军大获全胜，彻底击败东突厥，史称"阴山之战"。颉利可汗败走后，投奔位于灵州西北的苏尼失，被唐将张宝相率众俘获。

唐灭东突厥的战斗中，作为李靖前军先锋，直捣颉利可汗牙帐的苏定方因战功授左武侯中郎将，后再迁任左卫中郎将。永徽六年（655年），高句丽联合百济、靺鞨进攻新罗，攻占其北境三十余城。

新罗向大唐求援，苏定方随同程名振攻打高句丽，得胜归朝，拜为右屯卫将军，封临清县公。

李　勣

　　蒲山委质，英公在东。地图兵籍，不自为功。逮事唐室，实佐二宗。义声臣节，孰若司空。

——《事林广记》

介绍

　　李勣（594—669年），原名徐世勣，字懋功。唐高祖李渊赐其姓李，后避唐太宗李世民讳改名为李勣。曹州离狐（今山东菏泽东明县东南）人，唐初名将，曾破东突厥、高句丽，与李靖并称。

乱世从军

　　李勣年轻时家本豪富，隋末徙居滑州。史称其"家多僮仆，积栗数千钟"，与其父徐盖都是乐善好施之人，拯救贫乏，不问亲疏。隋炀帝大业末年，李勣才十七岁，见天下大乱，就近参加了翟让的军队。他劝说翟让："附近是您与我的家乡，乡里乡亲，不宜侵扰，宋、郑两州地近御河，商旅众多，去那里劫掠官私钱物非常方便。"翟让称善，于是在运河上劫取公私财物无算。不久兵众大振，隋朝遣名将张须陀讨伐，翟让吓得要跑，李勣止之，与隋军两万多人交战，竟于阵中斩张须陀，大败官军。

成名之战

　　高宗乾封元年（666年），高句丽权臣盖苏文病死，其子男生继掌国事，另外两个儿子男建、男产发难，驱逐男生。男生奔唐朝，恳求唐朝发兵相助。高宗任李勣为辽东道行军大总管，率军征高句丽。乾封二年二月，李勣大军渡辽水，攻拨高句丽重城新城。李勣一路连捷，直抵平壤城南扎下大营，男建不断派兵迎战，皆大败而还。不久，城内人投降唐军为内应，大开城门，唐兵四面纵火，烧毁城门，男建窘急，自杀未死。平壤城最终被攻下，唐朝共获一百七十六城，六十九万七千户。至此高句丽国灭，分其地置九个都督府，四十一州，一百县，设安东都护府统管整个高句丽旧地。自隋文帝以来，屡伐高句丽，无一成功。直到李勣老将出马，乘高句丽内乱，加之指挥有方，一举讨灭高句丽。

李勣回国后不久，因征伐劳累而病重，总章二年（669年）十二月卒，终年七十六岁。高宗亲为举哀，辍朝七日，赠太尉，谥曰贞武，陪葬昭陵。

薛 礼

军若惊飙，彼同败叶，遥传仁贵，咋舌称神。
——《明史记事本末》

介绍

薛礼（614年—683年），字仁贵，山西绛州龙门修村人（今山西河津市城东十里之遥的修村），唐朝名将，著名军事家、政治家。

大战高句丽

显庆三年（658年），唐高宗李治命程名振征讨高句丽，以薛仁贵为其副将。薛仁贵于贵端城（位于今辽宁浑河一带）击败高句丽军，斩首三千余级。第二年，薛仁贵又和梁建方、契必何力等，与高句丽大将温沙门战于横山。当时，薛仁贵手持弓箭，一马当先，

冲入敌阵，所射者无不应弦倒地。接着，又与高句丽军战于石城，遇善射敌将，杀唐军十余人，无人敢当。薛仁贵见状大怒，单骑突入，直取敌将。那个敌将慑于薛仁贵勇武，来不及放箭，即被薛仁贵生擒。

三箭定天山

龙朔元年（661年），一向与唐友好的回纥首领婆闰死，继位的比粟转而与唐为敌。唐高宗诏郑仁泰为主将，薛仁贵为副将，领兵赴天山击九姓回纥。临行，唐高宗特在内殿赐宴，席间唐高宗对薛仁贵说："古善射有穿七札者，卿试以五甲射焉。"薛仁贵应命，置甲取弓箭射去，只听弓弦响过，箭已穿五甲而过。唐高宗大吃一惊，当即命人取坚甲赏赐薛仁贵。

郑仁泰、薛仁贵率军赴天山后，回纥九姓拥众十余万相拒，并令骁勇骑士数十人前来挑战。薛仁贵临阵发三箭射死三人，其余骑

士慑于薛仁贵神威，都下马请降。薛仁贵乘势挥军掩杀，九姓回纥大败。接着，薛仁贵又越过碛北追击败众，擒其首领兄弟三人。薛仁贵收兵后，军中传唱说："将军三箭定天山，壮士长歌入汉关。"从此，回纥九姓衰败，不再为边患。

唐休璟

休璟谙知边事，卿辈十不当一。

——武则天

介绍

唐休璟（627—712年），名璿，字休璟，京兆始平（今陕西兴平）人，唐朝重臣和名将，爵位宋忠公，历任武则天和唐中宗、唐殇帝、唐睿宗四代皇帝的宰相。

一战成名

唐休璟出身官宦之家，他青年时代先后拜马嘉运、贾公彦为师，授传《易》《礼》，由于刻苦好学，很快便举明经。永徽年间，唐休璟任吴王李恪府中典签，因"无异材"，被调任营州（治柳城，今辽宁朝阳）户曹。

调露元年（679年），突厥阿史那泥熟匐叛唐，击败唐将萧嗣业，煽动奚族、契丹合攻营州。营州都督周道务，派唐休璟迎战。唐休璟在独护山大破突厥，斩获甚众，因功转任丰州（治今内蒙古五原南）司马，委以在中路抵御突厥的重任。

威震吐蕃

垂拱年间（685—688），唐休璟被调往西域，出任安西副都护，驻守碎叶城。永昌元年（689年）五月，文昌右相、安息道行军大总管韦待价西征失败，吐蕃连克焉耆（今新疆焉耆）、龟兹（今新疆库车）等重镇，唐休璟收集余众坚守西州（治高昌，今新疆吐鲁番），被任命为西州都督。唐休璟在任期间，运筹帷幄，在吐蕃内乱之时，上表请求收复安西四镇。长寿元年（692年），武则天以右鹰扬卫将军王孝杰为武威道总管，由唐休璟出谋划策，王孝杰负责统兵出征。为此，唐休璟重新调整了边防部署，周密策划了这次大规模的反攻作战。

圣历二年（699年），唐休璟调任河陇防线，官拜司卫卿，兼凉州（今甘肃武威）都督、右肃政御史大夫，持节陇右诸军州大使。

久视元年（700年）闰七月，吐蕃大将曲莽布支攻打凉州，围攻昌松（今甘肃武威东南）县，唐休璟率军到洪源谷，列阵对峙。唐休璟亲自披甲上阵，跃马冲杀，六战六克，俘其副将二人，斩首二千五百级，并积尸做景观。此战后，唐休璟入朝。

长安元年（701年）九月，吐蕃派使臣论弥萨请和，武则天在麟德殿设宴款待，唐休璟也被邀请参加宴会。席间，论弥萨多次盯着唐休璟看，武则天问其故。论弥萨说："往岁洪源战时，此将军雄猛无比，所以想认识一下。"武则天闻听此言，方知其中详情，大为惊叹，擢升唐休璟为右武威、右金吾二卫大将军。

郭子仪

　　子仪用心，真社稷臣也。

　　　　　　　　　　　　——唐代宗李豫

介绍

郭子仪（697—781年），字子仪，祖籍山西汾阳，华州郑县（今陕西华县）人。唐代著名的军事家。武举出身，勇武不凡。安史之乱爆发时任朔方节度使，在河北打败史思明；后任副元帅率唐军及回纥等援军收复洛阳、长安两京，功居平乱之首，晋为中书令，封汾阳郡王。代宗时，叛将仆固怀恩勾引吐蕃、回纥进犯关中地区，郭子仪正确地采取了结盟回纥，打击吐蕃的策略，保卫了国家的安宁。郭子仪戎马一生，屡建奇功，以84岁的高龄才告别沙场。天下因他而获得安宁达20多年。他"权倾天下而朝不忌，功盖一代而主不疑"，举国上下，享有崇高的威望和声誉。

临危受命

自"贞观之治"以来，唐朝各地多年未发生战争。军队战斗力锐减，军备空虚。因此，当安史之乱爆发时，黄河以北24郡的文官武将，有的开城迎敌，有的弃城逃跑，有的被叛军擒杀，叛军长驱南下。

在这紧急关头，玄宗提拔郭子仪为卫尉卿，兼灵武郡太守，随即又升任节度使，奉命率兵东讨叛军。郭子仪立即亲赴校场，检阅三军，誓师出征。756年4月，朔方军旗开得胜，一举收复重镇云中（今山西省大同市），大败叛军薛忠义，消灭其骑兵2000人。接着郭子仪又使别将公孙琼岩率2000骑兵攻击马邑（今山西省朔县东北），大获全胜。

随后，郭子仪又与河东节度使李光弼合兵，收复常山郡的九个县城，严重威胁了安史叛军的归路，因为河北各郡是洛阳和安禄山老巢范阳的必经之地，安禄山不敢怠慢，让史思明带上几万人马攻打郭子仪和李光弼。郭子仪、李光弼的部队退往常山（今河北正定），史思明的部队如影随形，郭子仪兵出奇招，派出五百骑兵，引得敌军追了三天三夜，正当敌军精疲力竭之际，唐军趁势进攻，史思明大败，赶紧向安禄山乞求援军，史思明的兵力很快增到五万人。

此时，郭子仪和李光弼的部队共有十万人，但郭子仪并不急于交战，"贼来则守，贼去则追，昼扬其兵，夕袭其幕"，让五万叛军疲于奔命却欲战不能，士气十分低落。郭子仪眼看时机成熟，在嘉山（今河北定西）以十万对五万，斩首四万级，生擒五千人，史思明披头散发、光着脚板逃到了博陵（今河北定州）。

正直的人格

郭子仪一生光明磊落，作为臣子，他忠贯日月，此心无二；作为父亲，他和夫人严格教导子女，儿女人品端方，才华出众；而作为同僚，郭子仪则谦恭清明，洞悉世情。

汾阳郡王府从来都是大门洞开，贩夫走卒之辈都能进进出出。一次，郭子仪手下的一名将领到外地任职，去汾阳郡王府辞行。在王府里，他看见堂堂的汾阳郡王正为夫人和女儿做奴仆，端着洗脸水，拿着手巾。郭子仪的儿子觉得脸上无光，一齐劝说父亲，希望父亲能够自重，不要让外人笑话。郭子仪给儿子们讲明道理："我家的马吃公家草料的有500匹，我家的奴仆吃官粮的有1000多人，如果我筑起高墙，不与外面来往，只要有人与郭家有仇，嫉妒郭家的人煽风点火，郭氏一族很可能招来灭族之祸，现在我打开府门，任人进出，即使有人想诬陷我，也找不到借口。"儿子们恍然大悟，都十分佩服父亲的高瞻远瞩。

郭子仪晚年在家养老时，王侯将相前来拜访，郭子仪的姬妾从来不用回避。唐德宗的宠臣卢杞前来拜访时，郭子仪赶紧让众姬妾退下，自己正襟危坐，接待这位"鬼貌蓝色"的当朝大臣。卢杞走后，家人询问原因，郭子仪说道："卢杞此人，相貌丑陋，心地险恶，如果姬妾见到他，肯定会笑出声来，卢杞必然怀恨在心，将来他大权在握，追忆前嫌，我郭家就要大祸临头了。"后来卢杞当上宰相，"小忤己，不致死地不止"，完全应验了郭子仪的说法，一场大祸被郭子仪消弭得不着痕迹。

李光弼

> 自艰难以来，唯光弼行军治戎，沉毅有筹略，将帅第一。
> ——《册府元龟》

介绍

李光弼（708—764年），契丹族，营州柳城（今辽宁朝阳）人。父亲李楷洛，原为契丹酋长，武则天时候归唐朝。李光弼经郭子仪推荐任河东节度副使，在平定安史之乱中建立了功勋。

成名之战

天宝十四年（755年），安禄山及部将史思明反叛，郭子仪欣赏李光弼的军事才能，向唐玄宗推荐他，玄宗诏李光弼摄御史大夫，持节河东节度副使，知节度事，兼云中太守，后又加魏郡太守、河北采访使。李光弼在平定安史之乱的战争中，充分表现了他的军事才能。他的第一个目标是为大唐收复常山郡（今河北正定），该郡地处叛军南北咽喉，战略位置十分重要。李光弼率领朔方军五千人进攻常山，当地团练兵将自己的将领史思义绑来投降，李光弼善待史思义，亲自为其松绑，使他真心归顺，供出叛军动向。第二天，史思明率二万骑兵直压常山城下，李光弼向史思义问计，史思义说：

"今军行疲劳，逢敌不可支，不如按军入守，料胜而出。虏兵炎锐，弗能持重，图之万全。"李光弼接受了降将史思义的意见，守城不出，把军队分成四队，以劲弩五百轮番射敌，叛军死伤惨重，只好退兵。当叛军在野外吃饭时，李光弼派轻骑数千，突然袭击，一举消灭叛军五千，收复常山郡九县中的七县。十月，郭子仪率军来常山与李光弼会师，在嘉山与叛军决战，大破之，斩首四万，俘千余人。

巧施"美马计"

李光弼曾经领兵守河阳，与史思明对峙了一年。史思明有一千多匹战马，每天在河南边洗马，用来显示他的马多兵强。李光弼便在各营中选出母马五百匹，等史思明的马下河时，他把母马赶下河，因为母马都有马驹在城内，所以母马不间断地嘶鸣。史思明的战马听着母马的叫声，便渡过河来，李光弼把它们都赶进了自己的军营，没费一兵一卒便夺得了叛军千余匹良马。自此，李光弼的骑兵战斗力大增，使叛军吃了不少苦头。

浑 瑊

瑊忠勤谨慎，功高不伐。

——旧唐书

介绍

浑瑊（736—800年），唐朝名将，本名进，皋兰州（今宁夏青铜峡南）人，匈奴族。在唐代宗时期，浑瑊跟从郭子仪击退吐蕃贵族的侵扰，升至左金吾卫大将军。

幼虎出山

天宝五年（746年），十一岁的浑瑊跟着父亲参加例行的冬季边防，朔方节度使张齐丘看他一脸稚气，忍不住开起了玩笑："带乳母来了没有？"在张齐丘眼里，他根本就是个乳臭未干的小屁孩。但是很快这个小孩儿就让张齐丘刮目相看：不久后浑瑊就立了跳荡功（为少年兵设置的军功）；两年后，攻破石堡城，收复龙驹岛，浑瑊都参与其中，立下了不小的战功。他"勇冠诸军"，很快当上了折冲果毅，并受安思顺的派遣，首次带领偏师深入敌境，大破阿布思部，在安史之乱爆发前，他就凭军功做到了中郎将的位置。

忠心保国

"安史之乱"爆发后，浑瑊跟随河东节度使李光弼在河北平叛，在攻打常山城（今河北省唐县）的战役中，他一箭射死叛军骁将李立节，立下首功，大大鼓舞了唐军的士气。唐肃宗在灵州登基后，浑瑊率领所部赶赴行在，及时向朝廷报到。他跟随郭子仪收复两京，与安庆绪的叛军浴血奋战，被提拔为武锋军使，又跟随仆固怀恩平定史朝义，大小数十战，军功最盛，被授予太常卿，食实封两百户。

"安史之乱"平定后，安史余部还保持着相当的势力，但仆固怀恩为了养寇自重，朝廷为了求得苟安，容忍了藩镇割据的局面，藩镇赋税不入中央，法令自成一套。此时，许多有功之臣拥兵自重。当时唐朝中央政府的形势跟七国之乱前夕的西汉政府一样恶劣。仆固怀恩因为不满朝廷的某些措施，竟然与回纥、吐蕃勾结，向朝廷反戈一击，在这种情况下，浑瑊率领所部归附了郭子仪，向朝廷表达了忠贞之心。当时，浑瑊的父亲浑释之担任朔方节度使留后，镇守灵州，被仆固怀恩的叛军杀死，朝廷当即任命浑瑊为朔方行营兵马使，听从郭子仪的指挥。郭子仪说服回纥，共同对敌，将入寇的吐蕃军打得一败涂地，岌岌可危的大唐江山又一次渡过了难关。

第四章 大宋的英雄豪杰

杨 业

> 冒死雪忠臣,谠言警贵侍。
> ——张咏

介绍

杨业(约932—986年)北宋名将,山西太原人,本名重贵,原为北汉军官,北汉主刘崇赐其姓刘,名继业。骁勇善战,屡建奇功,官至建雄军(今山西代县)节度使。北宋灭北汉后,杨业随其主刘继元降宋,宋太宗命他复姓杨名业。因他熟悉边事,仍任他为代州刺史,授右领军卫大将军,长驻代州(今山西代县)抵抗辽兵。公元980年,辽兵入侵雁门关,杨业父子绕背夹击,辽兵死伤惨重。公元986年,宋太宗赵光义趁辽国皇帝更换之际,三路出兵伐辽,杨业战死疆场,卒年60岁。

令公"杨无敌"

杨业就是传说中的杨老令公,他从小爱好骑马

射箭，学了一身武艺。因为他武艺高强，英勇善战，人们称他"杨无敌"。宋太宗对杨业相当器重，起初让他担任郑州刺史，后来又让他担任代州（今山西代县）刺史，镇守北方边境。

980年3月，辽国出动十万大军，侵犯代州北面的雁门关。警报传到代州，杨业手下只有几千骑兵，力量相差太远，大家都很担心。杨业决定出奇制胜，带领几百骑兵，从小路绕到雁门关北面，在敌人背后进行攻击。辽军正大摇大摆地向南进军，不料一声呐喊，宋军从背后杀了出来。辽军大惊，不知道宋军有多少人马，吓得四散逃奔。这一仗，辽国的一个驸马被杀死，还有一个大将被活捉。杨业以少胜多，打了一个大胜仗。宋太宗非常高兴，予以重赏。从此，"杨无敌"的威望越来越高。

以身殉国

辽景宗耶律贤死去，即位的辽圣宗耶律隆绪才十二岁，由他的母亲萧太后执政，这是宋收复燕云十六州失地的好机会。宋太宗于公元986年，派出曹彬、田重进、潘美（文学作品中潘仁美的原型）率领三路大军北伐，并且派杨业做潘美的副将。

三路大军分路进攻，旗开得胜。潘美、杨业的一路人马出了雁门关，很快就收复了四个州。但是曹彬率领的主力因为孤军深入，后来被辽军杀得大败。宋太宗赶快命令各路宋军撤退。

潘美、杨业接到命令，就领兵掩护四个州的百姓撤退到狼牙村。那时候，辽军已经占领寰州（今山西朔县东），兵势很猛。杨业建议派兵佯攻，吸引住辽军主力，并且派精兵埋伏在退路的要道，掩护军民撤退。

监军王侁反对杨业的意见，说："我们带了几万精兵，还怕他们？我看我们只管沿着雁门大路，大张旗鼓地行军，也好让敌人见了害怕。"杨业说："现在敌强我弱，这样干一定要失败。"王侁带着嘲笑的口吻说："杨将军不是号称无敌吗？现在在敌人面前畏缩不战，是不是另有打算？"这一句话把杨业激怒了，他说："我并不是怕死，只是看到现在时机不利，怕让兵士们白白丧命。你们一定要打，我可以打头阵。"

主将潘美也支持王侁的主张，杨业无可奈何，只好带领手下人马出发了。临走的时候，他流着眼泪对潘美说："这个仗肯定要失

败。我本来想看准时机，痛击敌人，报答国家。现在大家责备我避敌，我不得不先死。"接着，他指着前面的陈家峪（今山西朔县南）对潘美说："希望你们在这个谷口两侧，埋伏好步兵和弓弩手。我兵败之后，退到这里，你们带兵接应，两面夹击，也许有转败为胜的希望。"

杨业出兵没有多远，果然遭到辽军的伏击。杨业虽然英勇，但是辽兵像潮水一样涌上来。杨业拼杀了一阵，抵挡不住，只好一边打一边后退，把辽军引向陈家峪。

到了陈家峪，杨业退到谷口，只见两边静悄悄，连宋军的影儿都没有。原来杨业走后，潘美也曾经把人马带到陈家峪，等了一天，听不到杨业的消息，王侁认为一定是辽兵退了。他怕让杨业抢了头功，催促潘美把伏兵撤去，离开了陈家峪；等到他们听到杨业兵败，又往另外一条小道逃跑了。

杨业见约定的地点没人接应，万分焦急，只好带领部下转身跟追上来的辽兵展开搏斗，兵士们个个奋勇抵抗。最后，兵士都战死了，杨业的儿子杨延玉和部将王贵也牺牲了。杨业身上受了十几处伤，浑身是血，还来回冲杀，杀伤了几百名敌人。不料一支箭飞来，正射中他的战马，马倒在地下，把他摔了下来。辽兵乘机围了上来，把他俘虏了。

杨业被俘以后，辽将劝他投降。他抬起头叹了口气说："我杨业本来想消灭敌人，报答国家。没想到被奸臣陷害，落得全军覆没。哪还有脸活在世上呢？"他在辽营里，绝食了三天三夜而死。

杨延昭

延昭智勇善战，所得奉赐悉犒军，未尝问家事。出入骑从如小校，号令严明，与士卒同甘苦，遇敌必身先，行阵克捷，推功于下，故人乐为用。

——《宋史》

介绍

　　杨延昭（958—1014年），本名延朗，后改名杨延昭，人称六郎。并州太原（今山西太原）人。北宋抗辽大将杨业儿子，自幼随杨业征战。雍熙三年北伐，杨业率军攻应、朔等州，延昭为先锋。其父死，便担负起河北延边的抗辽重任。雍熙北伐之后，延昭在景州（今河北景县）、保州（今河北安新县）等地抵御辽军侵扰，死后陪葬于永安县（今河南巩义宋英宗永厚陵）。在与辽兵作战中，杨延昭威震边庭，人们称杨延昭守卫的遂城为"铁遂城"。宋真宗称赞他"治兵护塞有父风"。

将门虎子

　　杨延昭自幼沉默寡言，但善于观察事物，思维敏捷。受家风影响，很小就开始习武练剑，精通各种兵器，尤其练得一手好枪法。从小跟随父亲过着军旅生活，耳濡目染之中学习了许多军事知识。少小之时，延昭与同龄的孩子一起玩耍，常列阵排伍，操练军阵，作打仗的游戏。因此，成年人见状便啧啧称赞延昭："有其父必有其子，这孩子长大之后必定是做将帅的材料。"

　　延昭少时不仅舞枪弄棒，在其母的教导下也用心读书，尤其对兵家的论述认真研读。

老将军杨业很喜欢儿子延昭，他时常感叹："这个孩子很像我呀！"因此，到杨延昭大一些的时候，杨业常把他带在自己身边。研究用兵谋略的时候，杨业也允许杨延昭在身边旁听；出兵征战时让他参加战斗。这样既提高了杨延昭的谋略能力，又锻炼他的勇敢精神。

杨延昭很为父亲争光，他自小勇猛无比，作战时常冲锋在前，身为战场统帅之子，不仅不用别人保护，反而成了打冲锋的勇将。将士们见到杨延昭英勇杀敌的风采，无不称赞："真乃将门虎子！"

固守遂城

宋真宗咸平二年（999年），契丹贵族又一次向宋朝发动大规模军事进攻，宋军节节失利。当时杨延昭正守卫遂城（今河北徐水县东），九月初，辽军攻遂城，杨延昭等人飞书告急，请求增兵为援。河北大将傅潜畏怯不敢出兵，遂城被辽国大军围困。遂城城池很小，军事设施又很薄弱，辽军攻围甚急，随时都有攻进来的可能。杨延昭虽指挥部队将他们一次又一次打退，但由于辽国萧太后亲临城下，自执桴鼓督战，箭飞如雨，危势并未稍减。城中守军不满三千，众心危惧。杨延昭则从容自若，集中城中全部的少壮男子登城，发给武器铠甲，日夜护守，一直坚持到十月间。时至初冬，本不甚冷，适值寒潮，气温骤降，杨延昭命城中军民从井中打水浇灌到城墙上，一夜之间城墙变得又坚固又光滑，辽军攻城不下，只好绕过遂城进攻别处。杨廷昭乘机追杀，截获了辽军许多武器。这次战役结束后，杨延昭等即威震边庭，人们称杨延昭守卫的遂城为"铁遂城"。宋真宗特意召他询对边策，并称赞年轻的杨延昭"治兵护塞有父风"。

种世衡

> 平夏之功，世衡计谋居多，当时人未甚知之。世衡卒，乃录其功，赠观察使。
>
> ——沈括《梦溪笔谈》

介绍

种世衡（985—1045年），字仲平，河南洛阳人，北宋将领、书画家。他以下祖孙三代皆有将才，被称为"种家军"。

筑清涧城

入仕之初，种世衡因为叔父种放而补将作监主簿，出任过邛州惠民监主簿。宋天圣年间知武功县。当时西夏国经常侵扰边境，百姓竞相迁居南山（秦岭）躲避。钟世衡挑选精壮青年数千人，训练射骑本领，武功人以善骑射始而出名。夏人闻风不敢进犯。后知泾阳县、通判凤州。因抵制权贵被诬流放，获释后，任签书同州、鄜州判官事。

北宋康定元年（1040年），西北边疆频频受到西夏国王元昊军队的掠抢。西夏与宋多次发生战争。为抵御西夏，北宋王朝应种世衡要求，在故宽州旧地延州（今陕西延安）东北200里处建起新城。

在种世衡的率领下，北宋王朝用较短的时间建起了一座抗击西夏的新屏障。为了表彰种世衡的功绩，朝廷命名这座新城叫青涧城。种世衡筑青涧城（今清涧），以固延州之势，护河东、河西粮道。他率军民且战且筑，城成，北宋王朝任命他为"知城事"，并授他"内殿承制"。从此，种世衡开始了自己的戍边生涯。守御青涧期间，开营田，通商贾，结好四周羌族。自此以后，每当西夏军来袭，羌民即先通报，故每战有备。

以信结羌

宋仁宗庆历三年（1043年）春，范仲淹巡视边境时，得知环州（今甘肃环县）所属羌族大都偷偷和夏国国主元昊相交。由于鹿州判官种世衡在羌族百姓中很有声望，范仲淹就奏请宋仁宗调种世衡做环州知州，来镇抚羌族。

羌族部落酋长牛奴讹，平时非常倔强，听说种世衡来了，竟跑到很远的地方去迎接。种世衡和他约定，第二天一定到他的帐幕去慰劳部落百姓。这天晚上，纷纷扬扬下起了大雪，积雪足有三尺深。左右侍从说："这个羌人凶狠狡诈，再加上所住的地方环境险恶，不可前往。"世衡说："我正要跟各个属羌部落树立信誉，怎么可以失信于他们呢？"于是冒险而前。奴讹起初就不相信种世衡会来，又赶上下大雪，认为世衡一定不会来。他正在帐篷中躺着，世衡已到了。奴讹大吃一惊，说："我们世代居住在这个山中，汉人官吏没有一个人敢到这里来，您一点也不怀疑我吗？"于是跪在地上表示服从。

种世衡又引导当地人学习和使用弓箭来帮助官军。不久，边疆几个城池中，只有环州城不向朝廷请求增兵，不要求增加粮食供应，但军力大振。西夏人听说以后，放弃了夺取环州的主意。种世衡在边疆的几年时间里，爱护士卒，笼络团结羌夷人，受到人们的称赞。

王 韶

> 绿皮皱剥玉嶙峋，高节分明似古人。
> 解与乾坤生气概，几因风雨长精神。
> 装添景物年年换，摆掉穷愁日日新。
> 惟有碧霄云里月，共君孤影最相亲。
> ——王韶诗作《咏裕老庵前老松》

介绍

王韶（1030—1081），字子纯，江州德安（今属江西）人，北宋名将。

上书报国

王韶自幼好学，仁宗嘉祐二年（1057年）中进士。他足智多谋，富于韬略。初任新安主簿，后为建昌军司理参军。由于应试制科不中，于是客游陕西，访采边事。

神宗熙宁元年（1068年），上《平戎策》三篇，详论取西夏之略，言"取西夏必先复河湟，使夏人腹背受敌"。由于《平戎策》既正确分析了熙河地区吐蕃势力的状况，更提出了解决北宋统治者最急迫的西夏问题的策略，其目的和宋神宗、王安石变法派"改易更革"的政治主张相一致，因此得到北宋朝廷的高度重视和采纳，王韶被任命为秦凤路经略司机宜文字（相当于机要秘书）之职，主持开拓熙河之事务。从此以一文人出掌军事，担负起了收复河湟的任务。

熙河之役

王韶在开拓边疆中，一方面以招抚为主，另一方面对那些抵制招抚、坚持分裂的部落首长予以严厉打击。

熙宁四年（1071年），王韶首先招抚了青唐地区一个最大的吐蕃部落12万人。附近一些较小的部落也相继归附北宋，又有近20万人口。北宋所辖疆土因此拓展了1200里。

熙宁五年（1072年），王韶任通远军（今甘肃陇西县）知军事，他积极操练军队，筑城进兵与吐蕃部落对垒。吐蕃兵士攻入宋营，王韶身先士卒，指挥宋军奋勇迎击，大败敌兵，焚烧了他们的军帐，震动了洮西。

之后，王韶亲率军队打败吐蕃首领木征的亲军，招抚其部落20余帐。北宋政府改镇洮军为熙州，并以熙、河、洮、岷州、通远军为一路，任命王韶为经略安抚使，兼知熙州。

王韶的战果一天天扩大，北宋的边疆也在一天天拓展。熙宁六年（1073年），王韶进驻康乐寨（今计肃康乐县境内）、刘川堡（今康乐县境内），开通饷道，攻克河州、诃诺木藏城和香子城（今甘肃和政县），穿越露骨山，南入洮州境内。他率军克服了道路狭隘崎岖之艰，吐蕃追击之险，奋力作战，平定了河州叛乱。

吐蕃部落首领相继归附。此次出征，王韶前后行军54天，跋涉一万八千里路，平定五州之地，招抚吐蕃诸部，收复失地两千里，恢复了安史之乱前中原王朝控制这一地区的局面。

王韶取得的胜利，振奋了北宋王朝的政治空气，为改革派赢得了极大的政治声誉。王韶也因此升任左谏议大夫、端明殿学士。

熙宁七年（1074年）正月，王韶入朝，木征势力又起，多次骚扰边界，知州景思立战死于踏白城（今甘肃临夏回族自治州），全军覆没。当时，朝中不少人主张放弃熙河，王韶主动请缨御敌，他日夜兼程赶到熙州，率领2万兵士浴血奋战，焚毁吐蕃8000帐，斩首7000余级。将木征送往京师归降。王韶也因功升任观文殿学士、礼部侍郎，后为枢密副使。

狄 青

> 青为人慎密寡言，其计事必审中机会而后发。行师先正部伍，明赏罚，与士同饥寒劳苦，虽敌猝犯之，无一士敢后先者，故其出常有功，尤喜推功与将佐。

——《宋史》

介绍

狄青（1008—1057年），字汉臣，北宋汾州西河（今山西汾阳市）人。他善骑射，作战英勇。后在范仲淹的教导下发奋读书，精通兵法，是北宋著名将领。

英雄不问出处

狄青出身贫寒，从小就胸怀大志，16岁时，因他的哥哥与人斗殴，狄青代兄受过，被"逮罪入京，窜名赤籍"，面上刺字，开始了他的军旅生涯。

宋仁宗宝元元年（1038年），党项族首领李元昊在西北称帝，建立西夏。宋廷择京师卫士从边，狄青入其，任延州指挥使，当了一名下级军官。在战争中，他骁勇善战，多次充当先锋，率领士兵夺关斩将，先后攻克金汤城、宥州等地，烧毁西夏粮草数万，"收其帐二千三百，牲口五千七百"，并指挥士兵在战略要地桥子谷修城，筑招安、丰林、新寨、大郎诸堡，"皆扼贼要害"。他每战披头散发，戴铜面具，一马当先，所向披靡，在宋夏战争中，立下了累累战功，声名也随之大振。

康定元年（1040年），经尹洙的推荐，狄青得到了陕西经略使韩琦、范仲淹的赏识。范仲淹授之以《左氏春秋》，并对他说："将不知古今，匹夫勇尔。"狄青于是发愤读书，"悉通秦汉以来将帅兵法，由是益知名"，成长为一名军事人才。

夺取昆仑关

皇祐四年（1052年）是宋朝的多事之秋，就在这一年，广西少数民族首领侬智高起兵反宋，自称仁惠皇帝，招兵买马，攻城略地，一直打到广东。宋朝统治者十分恐慌，几次派兵征讨，均损兵折将，大败而归。就在举国骚动，满朝文武惶然无措之际，仅做了不到3个月枢密副使的狄青自告奋勇，上表请行。宋仁宗十分高兴，任命

他为宣徽南院使，宣抚荆湖南北路，经制广南盗贼事，并亲自在垂拱殿为狄青设宴饯行。

当时，宋军连吃败阵，军心动摇，更有个别将领如陈曙等，心怀私利，不以国事为重，竟因害怕狄青抢功而擅自出击，结果大败而归，死伤惨重。狄青受命之后，鉴于历朝借外兵平叛后患无穷的教训，首先向皇帝建议停止借交趾（今越南一带）兵马助战的行动。他大刀阔斧整肃军纪，处死了陈曙等不听号令之人，使军威大振。接着命令部队按兵不动，从各地调拨、屯集了大批的粮草。侬智高的军队看到后，以为宋军在近期内不会进攻，放松了警惕。而狄青却乘敌不备，突然把军队分为先、中、后三军，自己亲率先军火速出击，一举夺得昆仑关，占取了有利地形，接着命令一部分军队从正面进攻。他执掌战旗率领骑兵，分左右两翼，绕道其后，前后夹攻，一战而胜。

宗　泽

生笑长裾曳，仍羞下泽奔。
据鞍非马援，叱驭岂王尊。
汗血能观国，的卢终感恩。
莫欺驽马瘦，挥策诸金门。
——宗泽《道逢乡人笑仆驽马之瘦》

介绍

宗泽（1060—1128年），字汝霖，婺州义乌（今浙江义乌）人，北宋末、南宋初抗金名将。考中进士，历任县、州官吏，政绩突出。金兵侵宋，改文从武。知磁州兼河北义军都总管，后升任兵马副帅。皇帝南逃后，留守开封，选拔任用岳飞等将才，使开封成为抗击金兵的重要堡垒。曾数十次上书宋高宗赵构，坚决要求抗战到底，赵构只想苟且偷安，不想有所作为，因此并不支持抗金。宗泽见中原难以收复，民众遭受金兵蹂躏，忧愤成疾，不治而亡。

立志报国

宗泽从小立下大志，要成为国之栋梁，因此，刻苦读书，参加科举考试。他先是把家中的全部藏书念熟读透，然后奔走四方求访名师，了解社会。十余年的游历，使他增长了知识，开阔了眼界，了解了社会，懂得了政治。在32岁时，他进京参加考试，在殿试时，挥笔写出了长达万言的直陈时弊、慨言对策的文章，在主考官中引起争议，较为正直的主考官赞赏作者的勇气和才干，但腐朽者却谴责其批评朝政。最后，把他置于术科，本来他应取第进士，却给了他个"同进士出身"的头衔。

保卫家园

宗泽被任命为磁州知州时，河北诸地已经沦陷，磁州及其南部的真定、常山等地均被金兵占领，金兵主力已打到黄河边。宗泽赴任时，随行者仅十多位老兵。到磁州后，城已破，府已亡。他立即以大宋官吏的名义，招募河北的抗金义士，很快组织起数千人的队伍。他又发动群众，筑城墙，挖城壕，制器械，练兵丁。数月之间，磁州城重新修好，守城士卒整肃威严。金兵首领怕磁州的宋军从背后发起袭击，就发数千骑兵袭磁州。宗泽早已对敌恨之入骨，他与磁州军民共同抗敌，先是将金兵击退，在追击中杀敌数百。河北军民很久没有取得战金兵的胜利了，人们对保卫磁州的胜利欢欣鼓舞，奔走相告，宗泽威名也随之响彻河北大地。

岳 飞

怒发冲冠,凭栏处、潇潇雨歇。抬望眼、仰天长啸,壮怀激烈。三十功名尘与土,八千里路云和月。莫等闲、白了少年头,空悲切!

靖康耻,犹未雪,臣子恨,何时灭?驾长车,踏破贺兰山缺。壮志饥餐胡虏肉,笑谈渴饮匈奴血。待从头、收拾旧山河,朝天阙!

——岳飞《满江红·怒发冲冠》

介绍

岳飞(1103—1142年),字鹏举,相州汤阴(今河南汤阴)人,南宋名将。岳飞一生抗金,大小战事二百余,仗仗皆胜。正当他积极进军,收复失地之时,投降派首领宋高宗赵构和秦桧向金兵乞和,诏令宋军退兵,岳飞被强行召回临安,剥夺兵权,后遭秦桧陷害,以"莫须有"的罪名被杀。

精忠报国

岳飞少时勤奋好学,并练就一身好武艺。19岁时投军抗辽,不久因父丧,退伍还乡守孝。1126年,金兵大举入侵中原,岳飞再次投军,开始了他抗击金军、保家卫国的戎马生涯。传说,岳飞临走时,母亲在他的背上刺了"精忠报国"四个大字,这成为岳飞终生遵奉的信条。

后来岳飞进了军队当了将领,

他始终把忠心报国谨记于心。有人问岳飞："天下什么时候可以称为太平？"岳飞回答说："当文官不爱钱财专心为民谋利，武官不惧牺牲奋勇为国效力的时候，天下就太平了。"

岳飞治军严明，每当军队休整，岳飞就督促将士爬斜坡、跳壕沟，都让他们穿着很重的铠甲来练习。士兵只要夺取老百姓的一根麻绳绑草料，就立刻斩首示众。士兵夜里宿营，老百姓开门表示愿意接纳，可是没人敢擅入。岳家军号称"宁可冻死也不拆老百姓的屋子烧火取暖，宁可饿死也不抢老百姓的粮食充饥"。士兵生病了，岳飞亲自为他调药。将士远征，岳飞的妻子去他们的家慰问，有战死的，为他流泪伤心并且抚育他的孤儿。朝廷有赏赐犒劳，都分给手下官兵，一丝一毫也不占有。岳飞善于以少击众。凡是有所行动，就召集手下军官，商议确定然后作战，所以兵锋所向，都能取胜。突然遇到敌军袭击也毫不慌乱。所以敌人评论岳家军说："动摇山容易，击败岳家军难！"

还我河山

1133年，岳飞被任命为沿江制置使，他提出了联合河朔义军，收复中原的主张。次年春，金朝统治者命南宋降臣刘豫攻占襄阳六郡。岳飞抓住这一机会，请求打过长江，收复襄阳六郡。获准之后，岳飞率军北上，先后攻克了随州、郢州、襄阳。此后，又收取唐州和信阳，杀敌如山，伪军和金兵弃邓州而逃。此战胜利之后，朝廷提升岳飞为靖远军节度使、湖北路荆襄潭州制置使。

岳飞攻下襄阳六郡之后，休整军队，扩充队伍，把指挥部从鄂州前移到襄阳。经过一番准备之后，于1136年率师北伐，顺利攻下了伊、洛、商、虢等州，黄河两岸人民奔走相告，各地义军纷纷响应。就在岳家军五战五胜之时，朝廷却不供给粮饷，致使留守襄阳的部分士卒饿死。处于如此困境，岳飞不得不忍怒撤军。

1140年，金兵又大举南攻，朝廷命岳飞进军中原。岳飞指挥各路兵马，在一个多月的时间里，攻下中原四州。

在郾城、颖昌之战中，岳飞巧妙诱使金兵主力出战，预先准备好了"麻扎刀"，专门对付金兀术的"铁浮图"和"拐子马"。"拐子马"是金兵独创的一种新式装备，骑士身披厚重铠甲，马披坚硬的牛皮，每三骑连在一起，名曰"拐子马"。这是一支装备奇特的精兵，自从与宋军交战以来，所向披靡。岳飞了解了"拐子马"的特点之后，专门制成了麻扎刀，令步兵人手一刀，埋伏起来，专砍马腿。郾城之战，岳飞用计将金兀术的拐子马诱入地势复杂的区域，宋军步兵早已埋伏至此。士兵见拐子马到来，从草丛中钻出，专砍马腿，一马倒下，另外两匹马也就失去了战斗力。郾城之战，岳飞把金兵一万五千骑的"拐子马"精骑兵消灭于净。

兀术不甘心郾城之败，立即增兵于郾城北的五里店，岳飞不给敌人喘息之机，挥军冲杀，又败金兵。随后，岳飞率兵在颖昌再败

兀术余军，杀敌七千，俘敌二千，一直追到离开封仅四十余里的朱仙镇。

　　正当岳飞踌躇满志，准备渡河之时，却接到了朝廷下达的强令其退兵的命令。宋高宗怕岳飞不从，竟然在一日内下达了十二道金牌。见如此荒唐之令，岳飞仰天长叹："十年之功，废于一旦，社稷江山，难以中兴。"岳飞撤军之日，百姓哭声震野。大好的抗金形势就这样白白丢掉了。

韩世忠

　　　　荣华不是长生药，清闲不是死门风。

　　　　　　　　　　　　　　——韩世忠《临江仙》

介绍

　　韩世忠（1089—1151年），字良臣，绥德（今陕西绥德）人，南宋名将。因奋力抗击金兵而出名。曾以数十骑击败敌两千余骑，坚决反对与金兵妥协议和，被剥夺兵权，授枢密使。岳飞被害时面责秦桧，并自行解职，以示抗议。

立志报国

韩世忠自幼喜欢练武，学习认真刻苦。少年时期就有过人的力气。韩世忠十六七岁时，身材魁梧高大，浑身是劲儿，与他人比力气，成年人没有能胜过他的。家乡有人对他说，有如此好的功夫，应该去当兵为国效力。于是，年仅十七岁的他就参军当了一名士卒。

韩世忠所在的部队驻在西北地区，经常与西夏军队发生冲突。韩世忠入伍不久就参加了战斗，因作战勇敢很快由士卒升为小队长。官职虽小，但韩世忠仍能积极负责，他领导的那些士兵都比他年纪大，可是韩世忠作战勇敢，身先士卒，处事公道，说话正直在理，所以大家都听他的。

有一次，宋军攻打西夏的一座城池，久攻不下，韩世忠打红了眼，一个人爬墙冲进去，杀死守城的敌军头领，把他的脑袋扔出城外，宋军受到鼓舞，一拥而上，夺下城池。不久，西夏王的监军驸马亲率夏军向宋军反击，宋军有畏怯之状。韩世忠问清驸马的身份和作用，然后率几名敢死士卒，风一样地冲入敌阵，敌人惊慌失措，被这突如其来的冲击吓傻了眼，韩世忠冲入敌阵直奔元帅帐，还没等西夏兵明白过来，他已手起刀落，将西夏监军驸马的头砍了下来。西夏兵顿时大乱，争相奔逃。宋军将领都称赞韩世忠的勇敢，说他年纪虽小，却是个不可多得的将才。

成名之战

1121年，宋政权派出的部队与金兵战于燕山南。几路兵马均被金兵打败。韩世忠率五十余骑巡逻于滹沱河上，不巧与金兵一队人马遭遇。对方是一支两千人的骑兵主力,韩世忠遇事冷静而果断,他告诉士卒:"慌乱就等于死,不要乱动,一切听我安排。"他让一个叫苏格的小队长率部分人抢占高坡,列阵其上,观而不动。又派出十余个骑兵,把在河边准备抢渡的散乱宋军组织起来,得众数百,让他们列阵击鼓呐喊。然后,他率几名敢死骑士,径直冲入金兵队阵之中,专砍举旗的金兵,连杀几个之后,其余举旗的纷纷将旗放倒,河边的宋军士卒击鼓高喊:"金兵败啦!金兵败啦!"顷刻间,金兵大乱,苏格率占据高地的骑兵自上而下杀来,金兵丢下上百具尸体,乱纷纷向北逃去,韩世忠又追了一程才收住坐骑。在宋军连吃败仗的形势下,韩世忠勇敢而敌,竟然出奇制胜。

1126年10月,正在滹沱河一带担任防守任务的韩世忠被金兵数万追逼退入赵州城内,敌兵围城数重。城中兵少粮乏,军心不稳,有人主张弃城而遁。韩世忠传令下去,有敢言弃城者斩。当天夜里,天降大雪,韩世忠选精壮士卒三百人,悄悄出城,偷偷摸进金兵围城主帅营帐,杀死主帅,然后偷袭金兵驻地,挑起金兵内部相攻误杀。一夜大战,金兵死伤过半,当得知主将被杀,看到遍地都是自家兄弟的尸体,流出的血把雪都染成了红色的,金兵无心再战,溃散退去。

韩世忠在河北一带坚持抗金斗争数年,官阶不高,所率兵马并不多,但是战无不胜,攻无不克,因此,其威名震慑金兵。

吴　玠

　　玠善读史,凡往事可师者,录置座右,积久,墙牖皆格言也。用兵本孙、吴,务远略,不求小近利,故能保必胜。御下严而有恩,虚心询受,虽身为大将,卒伍至下者得以情达，故士乐为之死。选用将佐，视劳能为高下先后，不以亲故、权贵挠之。

——《宋史》

介绍

吴玠（1093—1139年），字晋卿，德顺军（今甘肃静宁）人，南宋名将。吴玠深知兵法，用兵谨慎，善于根据力量对比和具体条件选择交战方式，因此，能够把握战场主动权。

立志报国

吴玠，自幼喜欢习武演兵，长大之后，以良家子弟的身份参军入伍，被充实到泾原军。泾原军驻守于陇西地区，常常遭受西夏兵马的进攻。每有战事，吴玠总是积极参加，他作战勇敢，多次射杀西夏将士，屡立战功。

1128年，金兵攻打延州，经略使王庶命曲端组织防守，抗击金兵。曲端提出不同意见，认为与其被动防守，不如主动出击，攻其必救。于是曲端攻蒲城，吴玠攻华州，都打败了金兵，致使金兵攻延州的计划破产。不久，吴玠因功升任永兴军路经略使。

和尚原之战

1130年，金兵集十万人马向川陕地区大举进攻。宋军大将张俊欲召集五路兵马号称四十万大军与金兵决战。张俊刚愎自用，集四十万宋军于富平，正面与金兵交战。双方相持一段时间，金兵发起猛攻。宋军赵哲的部队溃败后逃，金兵士气大振，一拥而上，宋军全线崩溃，急相逃命，自相践踏而亡者不计其数。四十万大军，顷刻间土崩瓦解。金兵乘势进兵，巴蜀地区震惊，南宋朝廷被吓得不知所措。

富平兵败，各路大将皆争相逃跑。川陕交界处地势复杂，虽然在富平宋军惨败，但受地势影响，金兵进军速度不可能太快。借此机会，吴玠坚守和尚原，收集散卒，重整队伍，积屯粮食，准备死守。

金兵为了打开入川通道，于1131年进兵和尚原。吴玠抓紧训练，囤积粮食，加固阵地，坚守于和尚原关口。他对金兵的十余万兵马毫无畏惧之色，据险要之处分兵把守，抓住有利时机适时反击。

1131年5月，金将乌鲁、折合二将率数万骑兵攻打和尚原。他们先到和尚原北，又分军一部绕至和尚原东，企图两路夹击和尚原守军。吴玠针对金兵皆骑兵善骑射而不善步战，善野战而不善游击的特点，命令将士，各自坚守要害之地，拒不出战，避其锋锐，等待出战时机。进入山谷路狭多石、崎岖难行地段时，马无法行走，金兵纷纷下马步进。吴玠抓住这一时机，下令对金兵痛击，宋军将士把早已憋足的怨恨全部宣泄出来，强弩、巨石纷纷射向金兵。金兵将士被杀得狼狈逃窜，留在山坡上的是数千具金军人马的尸体。

金兵元帅兀术怒火中烧，他亲自带头发起冲锋，金兵将士蜂拥而上，至关前五十步处，宋军万弩齐发，金兵死伤成片，兀术身中两箭，被侍卫拖下山坡，保住了性命，金兵士气大伤。兀术见无法战胜宋军，只好下令撤军。在撤退的路上，金兵遭吴玠预设宋军的伏击，进一步加大了伤亡，兀术率残兵狼狈逃去。此战，宋军以数千人守关，大胜金兵十余万兵马，金兵死伤数万，被俘千余人。

和尚原之战，是金宋交战以来，宋军获得的第一次大捷。此战的胜利，打击了金兵的士气，鼓舞了川蜀的人民。和尚原之战胜利后，吴玠因功授镇西军节度使。

孟 珙

> 孟珙之贤，能经善权。金既破灭，改而防元，荆、襄、樊、汉，百计保全。一谋一策，无不了然。
>
> ——明末名臣黄道周

介绍

孟珙（1195—1246年），字璞玉，随州枣阳（今湖北枣阳）人，南宋名将。率军据守光化，大败金兵，俘敌七万余众。金亡，蒙古侵扰宋朝边境。孟珙任京湖制置使，力主收复中原，为权臣所阻。在信阳、襄阳等地力克蒙军。后任四川宣抚使，驻江陵，使蒙军不能入川。

崭露头角

孟珙青少年时跟随父亲在军中生活，长大后在军中任职，做了一名小军官。1218年，金兵数万大举进攻襄阳，孟珙的父亲孟宗政负责节度襄阳兵马，统一组织抗金护襄战斗。战前，孟珙分析了金兵进攻的态势，他认为，敌兵攻襄阳仅是佯动，必定派主力攻樊城，因此，他向父亲请求，独领一支人马以保樊城。

孟宗政分出三千兵马由孟珙指挥。孟珙率部从罗家渡过济河。渡河之后在靠近樊城的地方，临河布阵，隐蔽待敌。不出孟珙所料，当襄阳之战打起之后，金兵万余果然渡济水准备攻樊城。敌人半渡之时，孟珙指挥伏兵杀出，歼敌一半，余者溃逃。攻襄阳的金兵得知攻樊城之师已败，匆匆撤军而去。

这次战役孟珙功居第一，时年仅二十三岁，甚受朝廷称赞，奖以金帛官职。从此，孟珙在军中名声大震。

江陵之战

端平二年（1235年），蒙古在南宋的川蜀、荆襄发动了全面入侵，双方的战事十分激烈。这一年，蒙古军显示出了它强大的战争能力，在荆襄战场上连破襄阳、随州、郢州及荆门军、枣阳军、德安府，南宋的整条京湖防线千疮百孔。端平三年（1236年）十月，蒙古军中路在主将塔察儿的率领下又猛攻南宋的蕲州（今湖北蕲春）。宋理宗忙得焦头烂额，急命在黄州的孟珙救援蕲州。敌将塔察儿对孟珙的能力一清二楚，不愿跟他过多纠缠。孟珙刚到，塔察儿就撤围而去，准备转攻江陵（今湖北荆州）。这是蒙古铁骑第一次兵临长江。

江陵是长江中流的一座重镇，南宋的襄阳府丢失后，京湖制置司便移治此处。蒙古军如果攻占这里，既可以西攻川蜀，又可以沿江东进，还可以南下湖湘，后果不堪设想。宋廷命令沿江、淮西制置使组织救援，"众谓无逾珙者"。孟珙也立即出发。

这时蒙古军在枝江、监利编造木筏，准备渡江，形势逼人。孟珙的部下，包括他本人在内都是荆襄一带人。听说家乡被占领了，部将们义愤填膺，要求"返家复仇"。孟珙深知力量悬殊，强按住心中怒火，先集中力量封锁江面。接着他施展疑兵之计，以少示众，白天不断变换旗帜和军服颜色；晚上就虚张火把，沿江排开数十里，摆出一副大军来援的样子。蒙古军不知虚实，顿时惊慌不已。孟珙便趁机传令出击，大战一场，连破敌二十四座营寨，解救被俘百姓两万多人，并将蒙军的渡江器具一并焚毁，取得了胜利，遏制住了蒙古的进攻态势。蒙古军无奈之下，只好撤军。江陵之战扭转了长江中游的战局。

刘 锜

锜神机武略，出奇制胜，顺昌之捷，威震敌国，虽韩信淝上之军，无以过焉。

——《宋史》

介绍

刘锜（1098—1162年），字信叔，德顺军（今甘肃静宁）人，南宋名将。他一生征战，智勇过人，坚决抗击金兵，在顺昌之战中以少胜多，大败金兵，鼓舞了宋军的士气。在与金兵大战数十次的战役中，多数胜敌，成为南宋时期的著名抗金将领。

立志报国

刘锜自幼教育条件良好。家中不仅为其聘请专门教头教其练武，还为其请了先生，教其读书识字。刘锜悟性很高，读书过目成诵，习武更是日见长进。少年时期的刘锜，身材高壮，仪表堂堂，很受长辈们喜爱。他从十几岁时就跟随父亲出入军中，有一次，刘锜骑马路过营中军帐前的大旗下，发现计时的水斛水满四溢，他弯弓搭箭，一箭射穿水斛于刻痕处，水自箭杆、箭头两处外滴，不再四溢，众将士皆惊叹此少年的超绝射技。

宋高宗听说了刘锜的事迹，传旨召见。高宗提出治兵理政等各种问题，刘锜对答如流。交谈之后，高宗爱其才，尽管刘锜年纪还小，但高宗仍封他为阁门宣赞舍人，差知岷州（今甘肃岷县），为陇右都护。年轻的刘锜镇守陇右，西夏兵马每次来攻，都被刘锜打败。多次交锋，西夏终不能胜。经过几年较量，西夏人被打怕了，不敢再攻刘锜。据说，西夏人人都害怕刘都护，连小孩哭时都用"刘都护来了，别哭了"来吓唬孩子。

顺昌大捷

1139年，宋与金朝签订和约，宋朝向金朝称臣纳贡，金兵撤出黄河以南地区。次年，刘锜被任命为东京副留守，节制军马。刘锜接到任命后就率领经他整编过的八字军前往东京，走到顺昌（今安徽阜阳）附近时，就传来金人撕毁和约，举兵南下的消息。刘锜下令，急速行军，尽快赶到顺昌。

到达顺昌后，传来金兵进占开封的消息，刘锜叫来顺昌知府，打开库存，知道有粮数万斗，便决心坚守顺昌城。

刘锜在顺昌知府的帮助下对守城作了详细部署。每个将官都明确了自己的责任。他还组织军民，加固城墙。在城外接近壕沟之处筑起厚六尺、高五尺的城墙。他还组织人力把顺昌城郊区的百姓移至城内，拆毁房屋，让金兵无处居住。刘锜重视对敌情的侦察，派出许多探子，不时报告敌情。刘锜率军民昼夜准备，终于在敌人到达之前加固了城池，做好了各种御敌准备。

金兵统帅兀术亲率大军十万由东京开抵颍水北岸。恶战在即，刘锜进行战前动员，陈述利害，鼓舞将士，众人决意死战到底。为了骄敌，刘锜派出两人去敌营散播传言，声称刘锜是和平边帅之子，只图安逸，不懂战术。兀术历来轻视宋军，对此深信不疑。他称用靴尖即可把顺昌城踢破。他把攻城用的鹅车、砲具等留在后面，亲率几位大将合围顺昌城，还调来四千名号称"铁浮图"的骑兵参加攻城战役。

顺昌城战役期间，时值盛夏，刘锜利用金兵来自北方，害怕炎热的弱点，早晨金兵攻城之时，坚守不战，令将士们轮换休息。中午之后，天气炎热，金兵精疲力竭，士气低落，刘锜派数百人出西门佯攻，吸引敌人注意力，随后出精兵五千出南门攻击侧翼，一举大败金兵。在初战失败之后，兀术驻兵于颍水岸边，想采取长围久困的战术攻下顺昌城。刘锜识破敌人的阴谋，派人夜潜城外，在颍水中投放了大量毒药，金兵人马饮水之后轻者病倒，重者死亡。天天有大批金兵不战而倒。刘锜每夜都派出若干支轻骑兵，纷纷袭扰金军。兀术见长此下去，金兵必被拖垮，只好撤回开封，顺昌城之围遂解。

虞允文

文姿雄伟，长六尺四寸，慷慨磊落有大志，而言动有则度，人望而知为任重之器。早以文学致身台阁，晚际时艰，出入将相垂二十年，孜孜忠勤无二焉。

——《宋史》卷三八三·列传第一百四十二·虞允文传

介绍

虞允文（1110—1174年），南宋隆州仁寿（今属四川眉山市仁寿县）人，字彬父，一作彬甫。绍兴三十一年（1161年）于采石大破金军。第二年，任川陕宣谕使，与吴璘共谋进取，收复陕西数处州郡。乾道五年（1169年），任南宋丞相。

拨云见日

虞允文自幼勤奋好学，《宋史》称其"六岁诵九经，七岁能属文"，读书于"瑞竹园"（仁寿县城东面）。绍兴二十四年（1154年）进士及第，获委任为通判彭州，权知黎州、渠州。时秦桧当权，虞允文未获重用。秦桧死后，终于获得中书舍人赵逵推荐，就任秘书丞，官至礼部郎官、中书舍人、直学士院。

采石大捷

绍兴三十一年（1161年），金海陵王完颜亮统率金军主力越过淮河，进迫长江。两淮前线宋军溃败，金军如入无人之境。虞允文时任督视江淮军马府参谋军事，被派往采石（今属安徽省马鞍山市）

犒师，正值金海陵王大军谋划由采石渡江，原来负责督军的主帅李显忠还未赶到，虞允文见形势危急，亲自督师，向当时军心散漫的士兵演说："若金军成功渡江，你们又能逃往哪里？现在我军控制着大江，若凭借长江天险，为何不能于死里求生？何况朝廷养兵三十年，为什么诸位不能与敌血战以报效国家？"这番演说成功把士兵团结起来，并大大振奋了军心。他并随即把散处沿江各处无所统辖的军队迅速统合起来，以1.8万兵力与15万金军决战于采石，结果大败金军，赢得了著名的"采石大捷"。

随后，金海陵王移兵扬州，虞允文又赶赴镇江府（今江苏省镇江市）阻截。金军北撤，虞允文在南宋朝野上下获得极高声誉。

辛弃疾

醉里挑灯看剑，梦回吹角连营。八百里分麾下炙，五十弦翻塞外声。沙场秋点兵。

马作的卢飞快，弓如霹雳弦惊。了却君王天下事，赢得生前身后名。可怜白发生。

——辛弃疾《破阵子》

介绍

辛弃疾（1140—1207年），字幼安，号稼轩，齐州历城（今山东济南）人。出生时，中原已为金兵所占。21岁参加抗金义军，不久归南宋。历任湖北、江西、湖南、福建、浙东安抚使等职。一生坚决主张抗金，是南宋著名的将领和爱国诗人。

人小志大

辛弃疾三岁时，他的父亲不幸去世。从此，祖父辛赞就把他带在身边，一起游宦。祖父成了他最有影响力的启蒙教师。辛赞是一个具有强烈民族意识的士人。北宋灭亡，济南沦陷之后，由于家口所累，辛赞一时无法脱身，只好含垢忍耻，屈仕金朝，但他时时不忘亡国之恨，时时教诲自己的孙子。

辛赞在亳州任谯县令时，让辛弃疾拜学识渊博的刘瞻为师。一天凌晨，天刚亮，刘瞻忽然听到窗外隐约地传来特殊的声响，好像是脚步声，又像是刀剑声。他轻轻地走到窗前，只见院子里，淡淡的晨雾中，一个少年正在舞剑，那一招一式，酣畅淋漓，剑锋凌厉，步伐稳健。刘瞻定睛一看，原来是辛弃疾。刘瞻披上衣服推门而出，见辛弃疾已经练完一遍，正在擦汗，问他："你小小年纪，哪里学得一身好剑法？"

"是祖父从小教我的，我还读过不少兵书呢。我要洗雪国耻、收复失地、恢复中原。"年少的辛弃疾不假思索地说。

英雄虎胆

南宋绍兴三十一年（1161年），金首领完颜亮率军40万侵犯南方，北方广大人民群众乘金后方空虚，奋起反抗。辛弃疾也在济南南面的山区组织起两千多人，参加了耿京领导的农民抗金义军。因他很有文才，在军中担任书记职务。辛弃疾多方游走劝说其他义军联合抗金的好处，使得耿京的义军很快发展到二十多万人。

　　这时，南侵金兵发生内乱，完颜亮被杀，辛弃疾觉得这是抗击金人的有利时机，便对耿京说："我们最好能归附南京政权，这样打起仗来，也好与宋军遥相配合，协同作战，重整山河。"耿京很快采纳了他的建议，并派他陪同义军中另一首领贾瑞，一同前往南宋朝廷，奉表归宋。

　　在辛弃疾完成使命归来的途中，听到耿京被叛徒张安国所杀、义军溃散的消息，辛弃疾气愤难忍，与众人商议后，率领五十多人直奔济州敌营。辛弃疾等人以迅雷不及掩耳之势，把正在酒席宴上的张安国抓走，绑缚马上。辛弃疾在离开时，一边策马疾驰，一边大声号召耿京旧部反正。辛弃疾等人带领着上万人日夜兼程地赶往建康，将张安国献给宋高宗。辛弃疾五十多人勇闯几十万人金军大营的事迹很快被广为流传。

文天祥

　　　　辛苦遭逢起一经，干戈寥落四周星。
　　　　山河破碎风飘絮，身世浮沉雨打萍。
　　　　惶恐滩头说惶恐，零丁洋里叹零丁。
　　　　人生自古谁无死？留取丹心照汗青！
　　　　　　　　　　　　——文天祥《过零丁洋》

介绍

　　文天祥（1236—1283），南宋大臣、文学家。字履善，一字宋瑞，号文山，吉州庐陵（今江西吉安）人。理宗宝祐四年（1256年）进士第一，力主抗击元军。端宗景炎二年（1277年）进兵江西，恢复州县多处。不久为元重兵所败，退入广东，坚持抵抗。次年被俘，于至元十九年十二月初九日在柴市被害。

一心为国

宋恭帝德祐元年（1275年）正月，元军大举进攻，宋军的长江防线全线崩溃，朝廷下诏让各地组织兵马勤王。文天祥立即捐献家资充当军费，招募当地豪杰，组建了一支万余人的义军，开赴临安。宋朝廷委任文天祥知平江府，命令他发兵援救常州，随即又命令他驰援独松关。由于元军攻势猛烈，江西义军虽英勇作战，但最终也未能挡住元军兵锋。

次年正月，元军兵临临安，文武官员都纷纷出逃。谢太后任命文天祥为右丞相兼枢密使，派他出城与伯颜谈判，企图与元军讲和。文天祥到了元军大营，却被伯颜扣留。谢太后见大势已去，只好献城纳土，向元军投降。

元军占领了临安，但两淮、江南、闽广等地还未被元军完全控制和占领。于是，伯颜企图诱降文天祥，利用他的声望来尽快收拾残局。文天祥宁死不屈，伯颜只好将他押解北方。行至镇江，文天祥冒险出逃，经过许多艰难险阻，于景炎元年（1276年）五月二十六日辗转到达福州，被宋端宗赵昰任命为右丞相。

文天祥对张世杰专制朝政极为不满，又与陈宜中意见不合，于是离开南宋行朝，以同都督的身份在南剑州（治今福

建南平）开府，指挥抗元。不久，文天祥又先后转移到汀州（治今福建长汀）、漳州、龙岩、梅州等地，联络各地的抗元义军，坚持斗争。景炎二年（1277年）夏，文天祥率军由梅州出兵，进攻江西，在雩都（今江西于都）获得大捷后，又以重兵进攻赣州，以偏师进攻吉州（治今江西吉安），陆续收复了许多州县。元江西宣慰使李恒在兴国县发动反攻，文天祥兵败，收容残部，退往循州（旧治在今广东龙川西）。祥兴元年（1278年）夏，文天祥得知南宋行朝移驻厓山，为摆脱艰难处境，便要求率军前往，与南宋行朝会合。由于张世杰坚决反对，文天祥只好作罢，率军退往潮阳县。同年冬，元军大举来攻，文天祥在率部向海丰撤退的途中遭到元将张弘范的攻击，兵败被俘。

宁死不屈

文天祥被俘后，服毒自杀未遂，被张弘范押往厓山。南宋灭亡后，张弘范向元世祖请示如何处理文天祥，元世祖说："谁家无忠臣？"命令张弘范对文天祥以礼相待，将文天祥送到大都（今北京），软禁在会同馆，决心劝降文天祥。

元世祖派降元的原南宋左丞相留梦炎对文天祥现身说法，进行劝降。文天祥一见留梦炎便怒不可遏，留梦炎只好悻悻而去。元世祖又让降元的宋恭帝赵㬎来劝降。文天祥北跪于地，痛哭流涕，对赵㬎说："圣驾请回！"赵㬎无话可说，怏怏而去。元世祖大怒，于是下令将文天祥的双手捆绑，戴上木枷，关进兵马司的牢房。文天祥入狱十几天，狱卒才给他松了手缚，又过了半月，才给他褪下木枷。

文天祥在监狱中度过了三年。在狱中，他曾收到女儿柳娘的来信，得知妻子和两个女儿都在宫中为奴，过着囚徒般的生活，文天祥深知女儿的来信是元廷的暗示：只要投降，家人即可团聚。然而，文天祥尽管心如刀割，却不愿因妻子和女儿而丧失气节。他在写给自己妹妹的信中说："收柳女信，痛割肠胃。人谁无妻儿骨肉之情？但今日事到这里，于义当死，乃是命也。奈何？奈何！……可令柳女、环女做好人，爹爹管不得，泪下哽咽哽咽。"

狱中的生活很苦，可是文天祥强忍痛苦，写出了不少诗篇。《指南后录》第三卷、《正气歌》等气壮山河的不朽名作都是在狱中写出的。

元世祖至元十九年（1282年），元世祖又下了一道命令，打算授予文天祥高官显位。文天祥的一些降元旧友立即向文天祥通报了此事，并劝说文天祥投降，但遭到文天祥的拒绝。十二月八日，元世祖召见文天祥，亲自劝降。文天祥对元世祖仍然不跪。元世祖也没有强迫他下跪，只是说："你在这里的日子久了，如能改心易虑，用效忠宋朝的忠心对朕，那朕可以在中书省给你一个位置。"文天祥回答："我是大宋的宰相，国家灭亡了，我只求速死。不当久生。"元世祖又问："那你愿意怎么样？"文天祥回答："但愿一死足矣！"元世祖十分气恼，于是下令立即处死文天祥。

次日，文天祥被押解到柴市口刑场。监斩官问："丞相还有甚么话要说？回奏还能免死。"文天祥喝道："死就死，还有甚么可说的？"他问监斩官："哪边是南方？"有人给他指了方向，文天祥向南方跪拜，说："我的事情完结了，心中无愧了！"于是引颈就刑，从容就义，年仅四十七岁。

李庭芝

绿鬓两科好，丹心一片忠。
言言开国体，謇謇匪渠躬。
夜谓鸳行底，能持鲠论公。

象台死得所，万古忆清风。

——李庭芝《挽胡季昭》

介绍

李庭芝（1219—1276年），字祥甫，号北山，祖籍汴州（今河南开封），生于随州（今属湖北），南宋抗击蒙古军的名将。宋亡，被蒙古军所俘，以身殉国。

天分早露

李庭芝少年时，就表现出了超常的天分，"日能诵数千言"。李庭芝18岁时，时任随州长官王曼贪婪残暴，跋扈专制，弄得当地民不聊生，百姓痛恨至极，他的部下对他也十分不满，都在暗中策划造反。李庭芝敏感地看出随州必将会有场大乱，于是便向叔父们建议到德州避难，叔父们虽然不相信他的话，但是考虑到家族的安危，便勉强同意了。果然不出李庭芝所料，他们刚离开还不到十日，王曼的部下便发动了叛乱，随州百姓惨遭噩运，死伤无数。人们无不赞叹李庭芝的远见。

嘉熙末年（1240年），蒙军大举南下，南宋的长江沿线防务十分紧急。已中乡举的庭芝面对危局寻思：如今国家有难，大丈夫应当以死报国，怎么还能够安心待在书房里读书呢？于是他毅然放弃参加更高一级的考试机会，来到荆州，投奔当时赫赫有名的统帅孟珙帐下，向其献策，并请求奋身效命。

血战扬州

咸淳九年（1273年），李庭芝为两淮安抚制置使，南宋应李庭芝的请求，改任他为淮东安抚制置使、淮西策应使兼扬州知州。第二年八月，李庭芝在淮河南岸的清河口（今江苏淮阴东）要隘建城，升为清河军，以加强淮东的防御。十二月，元军攻占鄂州（今湖北武汉）以后，南宋号召天下勤王，李庭芝首先响应。

德祐元年（1275年），元军围攻扬州，李庭芝带领将士坚决抵抗，元军又多次派人进入扬州城内劝降，李庭芝每次都将元劝降使杀死，烧毁招降榜文，鼓励将士奋勇杀敌。六月，李庭芝被升任为知枢密院事兼参知政事。元军多次猛攻扬州，仍没有能攻下，由于元军主力南下进攻临安，进攻扬州的元军就改用长期围困的战略。

德祐二年（1276年）二月，南宋朝廷降元。但李庭芝、姜才等人仍然死守扬州等地，成为元军的心腹大患。元军命令已经投降的南宋谢太皇太后和皇帝（恭帝），仍然以颁降诏书的方式，要李庭芝投降，但是，李庭芝拒不奉诏，还登上城墙对招降使者说："奉诏守城，未闻有诏谕降也。"

在福州（今属福建）即位的宋端宗，七月"遣使以少保、左丞相召庭芝"，李庭芝将扬州的防守任务移交给淮东制置副使朱焕后，自己才与部将姜才率兵前往，7000人出城向东，准备从海上前去福州。他们刚离扬州，守将朱焕就开城门向元军投降，使苦守几年的扬州失陷。李庭芝等刚到泰州就被追赶的元军包围，泰州守将孙贵、胡惟孝又开城门降元，并将李庭芝、姜才献给元军。两人被押到扬州后，仍然誓死不降，最后以身殉国。

第五章 明清的英雄豪杰

徐 达

> 破虏平蛮,功贯古今人第一;出将入相,才兼文武世无双。
>
> ——朱元璋

介绍

徐达(1332—1385年),字天德,濠州(今安徽凤阳)人,明朝著名军事统帅。随朱元璋起义,参加了明朝开国历次重大战役,西灭陈友谅,东扫张士诚,北伐攻大都灭元朝,徐达均任主帅。后长期戍守边防,被朱元璋誉为"万里长城"。

胆识兼具

徐达少有大志,刚毅顽强,长大之后身材魁梧,仗义豪侠。少年时期,目睹大元朝统治者的腐败无能和社会的黑暗,尤其是农民的苦难深重,使徐达对社会越来越不满。

1353年6月,已在农民起义将领郭子兴的部下

当了九夫长的朱元璋回家乡招兵买马，徐达听说之后立即报名参加。在作战中，徐达表现得非常勇敢，还能为朱元璋出谋划策，帮助朱元璋树立威信。

在起义的队伍中，郭子兴与另一位农民起义首领孙德崖有矛盾，两人在和州发生冲突，郭子兴抓住了孙德崖，孙德崖的部众以牙还牙，抓住了郭子兴的爱将朱元璋。郭子兴提出用孙德崖换回朱元璋，但双方都不肯先放人，都怕对方不守信。在相持不下时，徐达挺身而出，他要求去做人质，让对方先放朱元璋，之后郭子兴放掉孙德崖，等孙德崖回到部队之后徐达再回来。徐达的仗义使双方人质都被释放。此事使朱元璋对徐达万分感激，同时，也使徐达在军中出了名。

戎马倥偬

郭子兴病逝后，朱元璋执掌全军大权，作为他手下一名杰出的将领，徐达率领大军南征北讨，立下汗马功劳。

1368年，朱元璋在应天称帝，封徐达为右丞相。徐达乘胜追击，在洛水之北与元军大战，击败元军，平定河南，又西占华州，夺取潼关。

朱元璋当皇帝之后听到北方传来的捷报高兴异常，他亲自到汴梁对前线的大将置酒慰问。在酒席宴上，徐达不忘自己的责任，他认为进攻元大都的条件已经具备，就向朱元璋进言，不失时机地发兵北进，攻克大都，消灭元朝。朱元璋同意。徐达在拜别皇帝之后，立即调集徐州、济宁、益都等地兵马会合于东昌，然后沿太行东及运河水道两路北进，连续攻克卫辉、彰德、邯郸、德州、长芦（今河北沧州），不久，克通州、围大都。元朝天顺帝率后妃、太子北逃，将士无心守城，徐达胜利进驻大都，元政权宣告灭亡。

徐达夺取大都之后并未停歇，他留下大将孙兴祖镇守大都（朱元璋改其为北平），自率主力进攻山西。太原守将知大都有失，倾全部山西兵马进袭大都。明军将领得知这一消息后对徐达说，应回军保北平。但徐达称，北平守卫力量很强，敌人不会得逞，现在乘太原空虚，正是我进军的时候，遂领兵进攻太原。元将出雁门关之后，得知明军攻太原，急忙回救，两军战于太原外围，元军战败，元将仅率十余骑逃走，部下四万人全部投降，徐达平定了山西全境。之后，西征陕、甘等地区，攻占陕西全境、连克秦州（今甘肃天水）、兰州，平定了陇西地区，而后又返兵向东北，进攻漠北地区，扫荡元军的残余势力。

在取得一系列重大胜利、确保北方安宁之后，朱元璋命徐达整旅还朝。徐达回应天时，朱元璋举行盛大欢迎仪式。1370年，明政权基本稳固，朱元璋封赏功臣，授徐达为太傅、中书省丞相参军国事，改封魏国公。

于 谦

千锤万凿出深山，烈火焚烧若等闲。粉骨碎身浑不怕，要留清白在人间。

——于谦《石灰吟》

介绍

于谦（1398—1457年），字廷益，钱塘（今浙江杭州）人，明朝名将。二十一岁考取进士，步入仕途。先后任御史、兵部右侍郎、左侍郎。在京师遭瓦剌攻击，危在旦夕之时，于谦力主抗敌，保卫京师，升兵部尚书、率领守城部队打退敌人的进攻。后又居安思危，改革军制，加强训练，多次击败瓦剌军队的进攻。因英宗发动"夺门之变"重登皇位，于谦遭诬陷被冤杀。

造福于民

于谦，从小聪明好学，七岁时就有神童之称，十五岁中秀才，二十三岁中进士。步入政界后，任过山西道监察御史、山西巡抚、兵部侍郎兼都御史等职。

于谦任山西、河南一带的巡抚长达十九年，为百姓办了不少好事。他常常轻装简从，深入民间，了解人民疾苦，听取他们的意见。他亲自平反了不少冤案，被民众称为"于青天"。在河南巡视时，花大力气组织民众治理黄河，采用厚筑堤障，计里置亭，设亭长，责以督率修缮。下令种树凿井，兴修水利，广修道路，发展交通，开垦荒田，使黄河沿岸"榆柳夹路，道无渴者"。山东等地闹饥荒，大批灾民外流，于谦在河南安置外来饥民二十万，并冒杀头之危险，开河南官仓，发八十多万石存粮救济灾民。因于谦政绩突出，办事得力，被调回朝廷，充实兵部。当时边事吃紧，治军无人，于谦调回任兵部侍郎。

京师保卫战

瓦剌是居于漠北的蒙古族三部之一。1439年，也先自称淮王，他东征西讨，势力大盛，梦求再现大元一统天下的局面，其锋芒直指中原的明朝。

正统十四年（1449年）初，也先遣使2000人向明朝贡马，诈称3000人，企图冒领赏物。明廷按实际人数给赏，并削减了马价。也先闻悉大怒，七月，统率所部进攻明朝，自己率领人马攻打大同。时太监王振专权，他挟持英宗仓促亲征。八月初，英宗带领50万大军前往大同迎战，刚至大同，王振听说各路军马接连失败，急忙退兵至四面环山的土木堡（今河北怀来境内），被也先追至，从征官员和士兵死伤过半，英宗被俘，史称"土木堡之变"。也先乘明廷无主，京师空虚，企图占取明都城京师，迫使明朝投降。

败讯传到京师，举朝震恐，文武百官聚集在殿廷上号啕大哭。皇太后命英宗弟朱祁钰监国，召集群臣，共商国事。有人主张迁都南逃，时任兵部侍郎的于谦坚决反对。他指出京师是天下的根本，一动则大势便去。他针对危局，奏请确立新君，主持朝政，以固人心。并迅速调集各地勤王兵入援京师，誓死抗击瓦剌军，保卫京师的安全。于谦的主张得到皇太后、朱祁钰及大多数朝臣的赞同和支持。

八月，于谦升任兵部尚书，九月，群臣合请朱祁钰即皇帝位。几天后，朱祁钰即皇帝位，即明景帝，遥尊英宗为太上皇。景帝登位，使瓦剌借英宗要挟明廷的阴谋破产，具有一定的政治意义。

十月初一日，瓦剌军分三路大举进攻京师。东路军2万人从古北口方向进攻密云，作为牵制力量。中路军5万人，从宣府方向进攻居庸关。西路军10万人由也先亲自率领，挟持英宗自集宁经大同、阳和（今阳高），攻陷白羊口（今天镇北）后，挥师南下，直逼紫荆关。不久，瓦剌军便由紫荆关和白羊口两路进逼北京。

明廷召集文武大臣商讨战守京师策略，于谦认为，面对强敌，不能示弱，主张到城外背城迎接敌人，将22万大军分几路列阵于京师九门之外。于谦身先士卒，到防守的重点德胜门亲自督战，军阵部署完毕后，"悉闭诸城门"，以示背城死战的决心。于谦还下令："临阵，将不顾军先退者，斩其将；军不顾将先退者，后队斩前队。"

十月十三日，也先集中主力进攻德胜门，于谦早料到瓦剌军可能要从这里进攻，就派石亨预先埋伏于德胜门外道路两旁的空房中，明军只派少量精骑迎战瓦剌军。接战后，佯装败退，瓦剌军以万余骑追来。待瓦剌军进入明军伏击圈时，范广出敌不意，指挥神机营突发火炮、火铳，同时，石亨所领伏兵突起夹攻。瓦剌军大败，有"铁元帅"之称的也先的弟弟孛罗和平章卯那孩都中炮身亡。瓦剌军又转攻西直门，明守将都督孙镗率师迎接。战斗打得十分激烈，明军斩敌前锋数人，迫其北退，孙镗又率军追击。瓦剌军合围孙镗，孙镗尽力拼杀，一度退到城边。幸高礼、毛福寿和石亨率兵前来增援，瓦剌军三面受敌，被迫退去。

这次战斗后，于谦根据战斗中暴露出来的问题，重新作了部署，加强了西直门和彰义门之间的军事力量，命毛福寿于京师西南各要口设置伏兵，以待策应。将领之间要加强联系，互相应援。瓦剌军在德胜门和西直门受挫后，又在彰义门发动进攻。于谦命武兴、王敬、王勇率军迎战瓦剌军。明军神铳、弓矢、短兵前后相继，挫败了敌军的前锋。但明军自己也乱了方阵，瓦剌军乘机反击，明军败退，武兴中流矢死。瓦剌军追到土城，土城一带的居民，掷砖投石，阻遏了瓦剌军的进攻。明援军赶到，瓦剌军仓皇逃走。

也先原以为明军不堪一击，京师旦夕可陷。但经过五天的激战，明军屡获胜利，士气旺盛。瓦剌军屡败，士气低落。而进攻居庸关的五万瓦剌军，因天大寒，明守将罗通汲水灌城，墙壁结冰，瓦剌军无法进攻。经过七天的战斗，瓦剌军的进攻均被击退，罗通三次出关追击，斩敌无数。

也先又听说明朝援军将集，恐断其归路，遂于十月十五日夜下令北退。于谦命明军乘胜追击，二十四、二十五日明军在今河北霸州、固安等地大败瓦刺军。各地人民因不堪瓦刺军的骚扰，也组织起来进行袭击。明军夺回了瓦刺军沿途掳获的许多的百姓和财物。至十一月初八日，瓦刺军退出塞外，京师围解。京师保卫战取得了辉煌的胜利。

俞大猷

忠诚许国，老而弥笃。

——《明史·俞大猷传》

介绍

俞大猷（1504—1580年），字志辅，又字逊尧，号虚江，福建泉州北郊濠市濠格头村人。明代著名民族英雄、抗倭名将。

立志报国

俞大猷出身于下级军官家庭，他祖籍安徽凤阳，始祖俞敏跟从朱元璋打天下，以开国功臣袭泉州卫百官，到他父亲时已历五代。俞大猷少时，家境贫困，经常断炊，依靠母亲杨氏织网和亲友资助来维持生活和读书。他勤奋学文习武，勇敢机敏，在清源山下读书时，常独自一人在清源山虎乳岩攀援上下，锻炼身体。

俞大猷当秀才时，拜泉州名儒蔡清之门徒王宣及军事家赵本学为师，学习《易经》与兵书；向精通荆楚长剑的李良钦学习剑术。父亲死后，他弃文就武，承袭百户官世职。嘉靖十四年（1535年），俞大猷参加全国武举会试，写了一篇《安国全军之道》的策论，深受兵部尚书毛伯温的赏识，荣获第五名武进士，授任为守卫金门、同安一带，放粮救济饥民，被称为"俞佛"。

浙东抗倭

俞大猷一生戎马舟楫，最主要功绩是领导抗倭斗争，嘉靖三十一年（1552年），倭寇大扰浙东，北窜苏南。他配合戚继光、邓城等将领，用福建楼船在浙东、苏南大败倭寇，消灭敌兵四五千，击沉敌船140多艘，彻底平定了苏浙倭患。他抗倭有功，被提升为苏浙副总兵，后任浙江总兵兼署浙江都督同知。

俞大猷性格刚毅沉着，豪迈乐观，不知忧苦。在浙东的一次海战中，突然风浪狂作，天昏地暗，船只几乎倾翻，军士因此断炊两天，号哭不已，副将汤克宽大呼"海神保佑"，拼命许愿。俞大猷却不求神拜佛，岿然自若地对汤克宽说："我平生无所忧挂，今天如能与你一起溺海，了却生命，无负大业，是最痛快的了！"须臾风平浪静，安然无恙，汤克宽很佩服他的胆略，遂拜他为师。

嘉靖四十一年（1562年）冬，俞大猷攻陷兴化。朝迁提升俞大猷为福建总兵，戚继光为副总兵，隶属闽浙总督谭纶指挥，会同剿倭。谭纶命令戚继光、刘显、俞大猷分别率领三路大军，会攻倭寇于平海卫，歼敌2200多人，并救回3000多名被劫的居民，胜利光复了兴化城。

其后，俞大猷又在晋江沿海歼灭倭寇。据传，一次他化装潜入安平卫（今安海镇）倭穴，侦察敌情，遇到倭寇正在宰杀从民间抢来的牛羊，大开宴会。倭首们喝得酩酊大醉，营木栏中还关着许多尚未宰完的牲畜。俞大猷便派一个勇敢机智的随从，乘倭寇醉得东歪西倒之时，从木栏中抱来一只羊，缚起倒挂在大鼓的前面，让羊挣扎，踢动大鼓。倭寇以为明兵劫营，顿时大乱，自相残杀，乡兵趁机杀进敌营，全歼倭寇。又一次，倭寇攻占永宁卫，养着两只凶猛的军犬，警卫营盘。他带领士兵，乔装百姓，深夜潜入敌营，在铁钩上挂上香牛肉，先诱军犬争抢牛肉上钩而杀，然后带兵冲杀敌营，倭寇溃乱，争相登船从海上逃窜，俞大猷率军在永宁卫海口一块大石旁全歼敌寇。后来，俞大猷亲自在这块石上题"镇海石"三个大字。

俞大猷多才多艺，嘉靖年间，他亲往河南嵩山少林寺，教僧人棍法（后世称"俞大猷棍"），使少林棍法丰富并得以继传。他创造一套用楼船歼灭倭寇的海战战术，还发明了一种陆战用的独轮车。他精通六经，博学宏文，著有《正气堂集》三十卷，其《兵法发微》《剑经》堪称经典，堪称明朝一代儒将。

戚继光

万众一心兮，群山可撼。
惟忠与义兮，气冲斗牛。
主将亲我兮，胜如父母。
干犯军法兮，身不自由。
号令明兮，赏罚信。
赴水火兮，敢迟留！
上报天子兮，下救黔首。
杀尽倭奴兮，觅个封侯。

——戚继光《凯歌》

介绍

戚继光（1528—1588年），字元敬，号南塘，晚号孟诸，山东登州人，祖籍安徽定远。明朝杰出的军事家、抗击倭寇的民族英雄，与俞大猷齐名。

立志报国

戚继光出身于将门世家，父亲戚景通武艺精熟，为人正直，忠于朝廷，为子孙树立了很好的榜样。因受家庭的影响，戚继光从小就喜欢军事游戏。戚景通对儿子期望很高，亲自教他读书写字，练习武艺，经常讲一些为人处世的道理。戚继光不仅获得了行军打仗的真实学问，还养成了良好的品质，树立了高远的志向，为以后建功立业打下了基础。

戚继光的父亲虽然官拜都指挥使等职，但为官清廉，不收受贿赂，不阿谀奉迎权贵，甘愿过清淡的生活。戚家家教十分严格，戚继光刚懂事，父母就请人教他读书识字，习武练剑，还教育他讲俭朴、重孝道。在生活上更是严格要求，父亲让他像平民的孩子一样生活，不要有任何特殊感。有一次父亲见戚继光穿了一双考究的丝鞋，当即就训斥道，这么小的年纪就追求享受，讲穿戴，长大后袭位带兵岂不侵吞士兵粮饷？尽管母亲解释说是外公所赠，但父亲还是强令其脱下，换上普通孩子穿的鞋。

严格的家教使戚继光从小勤奋好学，严于克己，他懂礼貌，求上进。武艺精，诗文好，通兵法，有大志。他在一篇文中流露道："自觉二十岁上下，务必做好官，猛于进取，而他利害劳顿，皆不屑计也。"

成名之战

嘉靖三十四年（1555年），浙江地区倭患严重，戚继光调浙江，任参将，镇守宁波、绍兴、台州三府，率军抵抗倭寇。他见旧军素质不良，军心散漫，作战不力，即向上司提出"招募新兵，亲行训练"的建议。后来到义乌招募农民、矿工三千余人，组成新军。这支军队经过严格训练，成为熟悉军纪、法度，熟练手中兵器，能够奋勇作战的队伍，人称"戚家军"。戚继光还根据江南水乡的特点，改造了队列体制，创造了鸳鸯阵法，使长短兵器配合作战，用火器、弓箭掩护，在抗倭作战中发挥了巨大威胁力。

嘉靖四十年（1561年）五月，倭寇集结船只数百艘，人员万余，窜犯宁海、奉化、桃诸等浙江沿海县城，并企图攻占台州府城。戚继光率领戚家军，采取机动灵活的战略战术，运用偷袭、伏击、快速奔袭等战法，打得倭寇晕头转向，不知所措。此役歼敌六千余人，使犯境倭寇遭到歼灭性打击。次年，倭寇大举窜犯福建，沿海城镇受到倭寇荼毒，戚继光率军驰援一举捣毁倭寇在横屿（今福建宁德城外海中）的老巢，取得首战胜利。随后连续发动攻势，扫平倭寇据点多处，杀伤倭寇无数，击退了倭寇的进袭，转年，倭寇又纠集残部，掳掠边城，戚继光再援福建，与巡抚谭纶、总兵俞大猷和广东总兵刘显通力合作，平定了闽、粤沿海的倭患。

除了大败倭寇，戚继光在镇守边防上也很有建树。隆庆元年（1567年），戚继光被张居正调到北方，镇守蓟州（明代重要的北部边防，所辖长城东起山海关，西抵居庸关的灰岭口），在镇16年，后张居正去世，戚继光受到排挤，改派镇守广东。万历十三年（1585年）因病告退，两年后去世。

戚继光是一位杰出的爱国将领和民族英雄，在戍边抗倭、平乱安民方面为明朝立下了不朽战功。他在一首题为《马上作》的诗中这样写道："南北驱驰报主情，江花边月笑平生，一年三百六十日，多是横刀马上行。"这首诗正是他戎马一生的真实写照。

袁崇焕

> 若夫以一身之言动、进退、生死，关系国家之安危、民族之隆替者，于古未始有之。有之，则袁督师其人也。
> ——梁启超《袁督师传》

介绍

袁崇焕（1584—1630年），字元素，明朝军事家。广东东莞人。考取进士，历任知县，兵部主事，兵备佥事，右佥都御史，兵部尚书兼右副都御史。在驻守关外、抗击金（后金）兵入关的斗争中立下赫赫战功。袁崇焕气魄宏伟，一心为国，其诗曰："策杖只因图雪耻，横戈原不为封侯。"

心系百姓

袁崇焕祖籍广东，祖父经商西迁至广西藤县，袁崇焕生于此地。他自幼勤奋好学，喜欢习武谈兵，胸有大志，常发宏论。14岁时应县试，补弟子员，长大后学有所成，第一次进京应试，名落孙山，但他不甘失败，恒心苦读，到35岁时第二次进京会试，考中进士第三甲第40名。入仕之后，先在工部任闲职，时间不长，被授福建邵武县知县。

一天，县衙之内正升堂议事。突然，县衙旁的一座民宅起火，黑烟滚

155

滚，烈火熊熊。赶街互市的人们驻足观望，一时都被惊呆了，只有哭喊声却无救火人，就在这时县令袁崇焕手提水桶，登梯上房，健步疾走，迅速登至最高处举水浇火。人群中传出惊讶的喊声："知县上房救火啦！"群众闻声奋起，提桶打水，上房扑火者争先恐后，不时，火被扑灭。袁崇焕不顾被烧破的衣裤，带着满脸的烟灰，前去抚慰受灾人家，从自己衣袋中掏出银两以示救济，围观人群感动不已。

宁锦大捷

宁远之战后，袁崇焕升任辽东巡抚，继续坚持避敌之长，击敌之短，凭城固守，渐次进取的原则，修建锦州、中左所（今辽宁塔山）和大凌河堡（今辽宁锦县）三城，构筑以宁远、锦州为重点的关外防线。

明天启七年（1627年）五月，后金为解除攻明的后患，派兵攻朝鲜。朝廷命袁崇焕发兵救援，没料到援军未到，朝鲜已降。

皇太极制服朝鲜之后，立即转攻明政权。当时，明军在大凌城的修缮工作尚未完成，只好退守锦州。皇太极率军围锦州，攻打锦州十日不下，皇太极便留一军保卫锦州，自率主力攻宁远。皇太极亲率近卫护军奋勇冲杀，明军在宁远城外驻守的步骑兵均被打败，后金兵趋城下疾攻猛打。袁崇焕立于城头指挥，火炮箭矢齐发，双方损失惨重，但宁远城仍牢牢掌握在明军手中。皇太极攻城两日，其猛烈程度前所未有，袁崇焕在指挥战斗中身中数箭，但他毫不畏惧，登城大呼，激励将士，军民一齐，终于打退了后金的进攻。皇太极攻宁远不下，又转攻锦州，在锦州遭炮击，损失数千人。此时，暑期已到，后金兵不适应暑热天气，斗志大减，皇太极只好命令撤军。明军取得了宁远和锦州守城战役的胜利，史称"宁锦大捷"。

郑成功

> 缟素临江誓灭胡，雄师十万气吞吴。试看天堑投鞭渡，不信中原不姓朱。
>
> ——《出师讨满夷自瓜州至金陵》

介绍

郑成功（1624—1662年），字明俨，号大木，祖籍福建省南安市石井镇，生于日本，明清之际军事家。初随父效力于南明政权，任御营中军都督。其父降清，郑成功坚决与之决裂，募兵与清战，多次战胜清军。1661年初，决定率兵收复台湾，带领水陆兵二万五千，于鹿耳门登陆，在台湾民众的配合与支持下，经过近十个月的交战，终于迫使荷兰侵略者签字投降。郑成功夺回台湾后，招募流民，开垦田地，发展教育，繁荣经济，为台湾的发展作出了巨大贡献。

国恨家仇

郑成功七岁时才被父亲郑芝龙派人从日本接回福建。郑芝龙见儿子聪明健美，喜不自胜，花重金请最好的师长，授其文武之业。郑成功灵敏好学，11岁能写出有新意的诗文，15岁中秀才，21岁入南京国子监，成为太学生。

1646年9月，郑成功接到父亲劝其降清的书信，又得知母亲遭清兵侮辱投河自尽。他独自来到南安孔庙，他把所携儒巾、蓝衫付之一炬，然后面对孔子像跪地长拜，仰天哭号道："昔为儒子，今为孤臣，向背去留，各有作用，惟先师昭鉴之。"他悲愤欲绝，于是，撕父信，焚儒衣，明血誓，从此走上了抗清到底的道路。

收复台湾

　　台湾自古以来就是我国的领土。荷兰殖民者于1624年侵占了台湾，对台湾人民进行了长达38年殖民统治与掠夺，台湾人民始终盼望祖国收复台湾。

　　1661年4月21日，郑成功披甲执剑，率领大军浩浩荡荡从金门料逻湾扬帆出发，凌波越海去收复台湾。全军将士齐心协力，顶逆风，冒急雨，排巨浪，船队向东南进发。4月29日黎明直抵台湾海岸线外。

　　船队避开了赤嵌城海岸，绕道从鹿耳门登陆。登陆后，立即包围了军事据点赤嵌城（今台南），与荷兰殖民军展开了激战，打得侵略军溃不成军，收复了赤嵌城。

　　荷兰总督揆一见势不妙，便玩弄缓兵之计，表示愿意年年纳贡。郑成功斩钉截铁地对来使说，除非你们投降，把台湾交还中国，别的没有第二条路好走。郑成功下令立即进攻，攻打揆一盘踞的台湾城（今安平），经过9个月的围攻，荷兰人弹尽粮绝，最后不得不挂白旗投降，派人送出了投降书。1662年2月1日，举行了受降仪式。

　　郑成功收复台湾5个月后，因戎马倥偬，操劳成疾，不幸逝世，年仅38岁。

林则徐

苟利国家生死以，岂因祸福避趋之。

——林则徐

介绍

林则徐（1785—1850年），汉族，福建侯官人（今福建省福州），字元抚，又字少穆、石麟，晚号俟村老人等，是清朝后期政治家、思想家和诗人，是中华民族抵御外辱过程中伟大的民族英雄。

立志报国

林则徐出生在福建侯官鼓东街（今福州市鼓楼区）一个下层封建知识分子的家庭里。父亲以教读、讲学为生。仅靠父亲教私塾的微薄收入无法维持生活，于是，母亲用手工劳动来分担家庭的困窘。

在科举时代，林则徐的父母指望自己的儿子能在仕宦之途发达上升。林则徐生性聪颖，在4岁时便由父亲"怀之入塾，抱之膝上"，口授四书五经。在父亲的精心培育下，林则徐较早就读了儒家经传。嘉庆三年（1798年），14岁的林则徐中秀才后到福建著名的鳌峰书院读书，受教于具有实学的郑光策和陈寿祺。在父亲和亲友的影响下，他开始注意经世致用之学。

嘉庆九年（1804年），林则徐20岁，中举人。父亲的谆谆教导使林则徐的学业取得了惊人的成就，但此后由于家庭日难，他不得不外出当塾师以贴补家用。在嘉庆十一年（1806年）秋，应房永清之聘到厦门任海防同知书记，这里的鸦片烟毒引起他的注意。同年，受新任福建巡抚张师诚的赏识招入幕府。他在张幕中获知了不少清朝的掌故和兵、刑、礼、乐等知识以及官场经验，为他日后的"入仕"奠定了基础。

虎门销烟

　　清朝中后期，帝国主义在世界各地疯狂地掠夺殖民地。道光年间，英国大量向中国输入鸦片，企图用鸦片打开中国的大门，造成中国白银大量外流，国民体质下降。道光皇帝听取林则徐等大臣的进谏，支持"禁烟运动"，于1838年11月15日，特命林则徐为钦差大臣赴粤查办禁烟。

　　广州是外国烟贩子的贩毒中心，1838年，广州地方政府处决一个中国的鸦片贩子，英国烟商竟然出来阻挠，激起了广州人民的义愤。1839年2月，一万多名群众到外国人居住的旅馆前示威，声讨外国烟贩干涉中国内政的罪行。

　　1839年3月，林则徐到了广州，禁烟运动迅速展开。他一面加紧整顿海防，严拿烟贩；一面限令外国烟商交出鸦片。林则徐在给外国烟商的通知中说："若鸦片一日未绝，本大臣一日不回。"由于林则徐坚定的态度和有力的措施，再加上人民的支持，外国烟商被迫交出鸦片2万多箱。林则徐下令在虎门将鸦片公开销毁，并带

领大、小官员亲自监督。

1839年6月3日，虎门海滩，林则徐令人将鸦片放入挖好的两个大池子里，池中放入卤水，鸦片浸泡半日后，再加上生石灰，生石灰将生水煮沸，就把鸦片销毁了。

这就是举世闻名的"虎门销烟"。虎门销烟从一定程度上遏制了鸦片在中国的泛滥，在民间产生了积极的影响。这次禁烟运动大大增加了中国广大民众对鸦片危害性的认识，使很多人看清了英国向中国贩卖鸦片的本质，唤醒了人们的爱国意识。它向世界宣告了中华民族决不屈服于侵略的决心！

关天培

> 六载固金汤，问何人忽坏长城，孤注空教躬尽瘁；双忠同坎壈，闻异类亦钦伟节，归魂相送面如生。
>
> ——林则徐

介绍

关天培（1781—1841年），鸦片战争中的抗英名将，历任清军游击、参将、副将、总兵提督等职。在任广东水师提督期间，他坚决支持林则徐的禁烟运动，多次亲督水师在穿鼻洋稽查走私大烟船只，指挥水师击败英军的挑衅。鸦片战争爆发后，坚决反对钦差大臣琦善的妥协。在英军大举进攻虎门，琦善不予支持的情况下，他激励将士，奋勇杀敌，誓保虎门，但终因寡不敌众，最后战死在炮台上，以自己的鲜血写下了誓保祖国的民族正义之歌。

立志报国

1838年春，珠江口外的海面上，不时有洋人的炮舰咆哮而过，一位须发皆白的老将军在虎门督建炮台，每当见到游弋于海面上的洋人舰船，他都把牙咬得咯咯作响，这位充满民族气节的老将军名叫关天培。

关天培生于江苏山阳（今江苏淮安）一个地位低微的行伍人家。幼年家贫，但关天培贫不失志，上进心切。清朝末年，政治腐败，军备松弛，各帝国主义列强开始侵扰中国。青少年时期的关天培，立志学武，以便保卫祖国河山。他学武有成，不仅武艺精湛，而且军事理论造诣较深，23岁时应试考取了武秀才，从此进入行伍之中。

关天培入清军之后，初任把总（下级军官），因武艺高强，办事得力，不久便升为守备（正五品官职）。关天培因精明干练、忠于职守，被江苏巡抚陶澍看中，获得重用。1826年，陶澍任命关天培为督押，护送140余船漕米入天津，关天培圆满地完成了任务。次年，陶澍提拔他为苏松镇总兵，不久又提升为江南提督。

成名之战

从19世纪30年代起，英帝国主义开始侵扰中国海疆。1834年，英国驻华商务监督律劳卑无视清政府的禁令，率武装船只闯入广州内河。原广东水师提督李增阶疏于防守，不敌英军船只，被革职查办，清政府命令"年壮技优，通晓营务"的关天培任广东水师提督。沙角失陷，虎门第一道防线被攻破之后，关天培知道恶战还在后边，敌人不会罢手，肯定会发起更猛烈的进攻。他向琦善告急，要求立即增派士兵，在得不到答复的情况下，他作了最坏的打算，派人给家中送去一个木盒和一封家信，嘱咐母亲和妻子，数日之后再把它们打开。

1841年2月23日，英军组织火力冲击三门口，闯入太平墟，用火炮轰着民房数间和盐关一座，在未遭到火力抵抗的情况下，开始拔除防守珠江的木排铁链。两日之后，英舰十八艘攻入虎门，数千英军把上横档、永安两炮台的守军团团包围。关天培手下仅有四百名将士，他立即派人向琦善求援，琦善手下有兵万余，但不发一兵一卒，任凭关天培孤军死战。

2月26日，英军发起总攻，下横档守军在副将庆宇的指挥下用火炮击退了英舰。当潮水上涨之时，英军乘势蜂拥而至，攻入上、下横档。经激战，守军弹尽，炮台失守，官兵拒绝投降，集体跳海。

英舰得势之后，集中兵力攻靖远、镇远、威远三炮台，关天培和游击将军麦延章分头督战。在陷入绝境之后，关天培激励将士"人在炮台在，不离炮台半步"。大家齐声宣誓道："人在炮台在。"在激战中，有八门大炮炸裂，守军大半战死，关天培负伤十余处，弹药也已耗尽。英军见清兵火炮不再怒吼，便试探着登上岸来，关天培决定魂祭炮台，他把官印交仆人孙长庆送回省府，自己则挥刀率守军与英国侵略者展开肉搏战。在短兵相接的拼杀中，年过六十的关天培带头与敌搏杀，他不顾周身十余处伤口血流不止，奋力砍下数名英国鬼子的脑袋。这时，一颗子弹打中他的胸膛，他手扶炮台流尽了最后一滴血，实现了以生命死守炮台的诺言。

当关天培战死虎门的消息传到家乡时，八十余岁的老母亲和头发见白的妻子在悲痛过后，打开了他此前派人送回的木盒。那里面没有什么金银珠宝，而是几颗关天培掉落的牙齿和他穿过的旧衣物，另有书信一封，告诉母亲和妻子，在想念他时可看一看他身上的东西及用过的物品。

关天培壮烈牺牲的消息，使在广州待罪的林则徐悲愤至极，他痛惜国失栋梁，军失重将。他挥泪写诗赠关天培："功高靖海长城倚，心切循陔老圃知。浥露英含堂北树，傲霜花艳岭南枝。"

左宗棠

　　论兵战，吾不如左宗棠；为国尽忠，亦以季高为冠。国幸有左宗棠也。

——曾国藩

介绍

　　左宗棠（1812—1885年），字季高，号湘上农人，湖南湘阴人。晚清重臣，军事家、政治家、著名湘军将领，洋务派首领。官至东阁大学士、军机大臣，封二等恪靖侯。

非凡之才

　　左宗棠生性颖悟，少负大志。5岁时，他随父到省城长沙读书。年少时曾屡试不第，转而留意农事，遍读群书，钻研舆地、兵法。他不仅攻读儒家经典，更多的则是经世致用之学，对那些涉及中国历史、地理、军事、经济、水利等内容的名著视为至宝。

　　1830年，18岁的左宗棠拜访长沙的著名务实派官员和经世致用学者贺长龄，贺长龄即"以国士见待"。其弟贺熙龄则是左宗棠在城南书院读书时的老师，对自己的这位弟子，贺熙龄非常喜爱，称其"卓然能自立，

叩其学则确然有所得"，后来师生还结成了儿女亲家。

当时名满天下的林则徐对左宗棠十分器重，两人曾在长沙彻夜长谈，对治理国家的根本大计，特别是关于西北军政的见解不谋而合，林则徐认定将来"西定新疆"，舍左君莫属，特地将自己在新疆整理的宝贵资料全部交付给左宗棠。后来，林则徐还多次与人谈起这次会见，极口称赞左宗棠是"绝世奇才"，临终前还命次子代写遗书，一再推荐左宗棠人才难得。

收复新疆

1864年6月，新疆库车爆发农民起义，建立热西丁政权；7月，和田建立帕夏政权；10月，伊犁建立苏丹政权；1865年1月，浩罕国（位于今乌兹别克斯坦的浩罕市一带）军官阿古柏入侵新疆；3月，乌鲁木齐建立清真王政权；1871年7月，沙俄武装强占伊犁；1874年，日本国入侵台湾。在这种局势下，清廷内部爆发"海防""塞防"之争。左宗棠强烈指出西北"自撤藩篱，则我退寸而寇进尺"，尤其招致英、俄渗透。

　　1874年5月，左宗棠以64岁的高龄，被任命为钦差大臣，督办新疆军务。次年4月，左宗棠坐镇甘肃酒泉，收复新疆战役打响。1876年，指挥多路清军讨伐阿古柏，次年1月占和阗（今和田），收复除伊犁地区外的新疆全部领土，阿古柏在绝望中服毒自杀，左宗棠随即上疏建议新疆改设行省，以收长治久安之效。1879年中俄伊犁交涉时，抨击崇厚一任俄国要求，轻率定议约章，丧权失地，主张"先之以议论""决之于战阵"。1880年春，在新疆部署兵事，出肃州抵哈密坐镇，命令三路大军并进，彻底击溃了阿古柏残余势力，收复大片国土。1881年初，中俄《伊犁条约》签订，中国收回了伊犁和特克斯河上游两岸领土（霍尔果斯河以西地区和北面的斋桑湖以东地区却被沙俄强行割去）。左宗棠应诏至北京任军机大臣兼在总理衙门行走，管理兵部事务。

　　左宗棠在新疆期间，为保证军粮供给，发展地方经济，曾大力兴办屯垦业，其功绩遗泽至今。

聂士成

　　勇烈贯长虹，想当年马革裹尸，一片丹心化作怒涛飞海上；精忠留碧血，看此地虫沙历劫，三军白骨悲歌乐府战城南。

　　　　　　　　　　　——在聂士成殉国纪念碑上镌刻

介绍

　　聂士成（1836—1900年），字功亭，安徽合肥人。清末将领，武童出身，同治元年（1862年）入淮军，参加镇压太平军、捻军，累迁至总兵，1868年升提督。中法战争中，率军渡海守台湾，屡挫法军，后任太原镇总兵。光绪二十年（1894年）中日甲午战争中，驻屯朝鲜牙山，抗击来犯日军。

请缨援台

1883年，中法战争爆发，法国侵略者一边出兵中国邻邦越南，欲以越南为跳板，入侵中国西南腹地；一边派远东舰队到我国东西沿海挑衅。台湾地理位置重要，物产丰富，气候温和，早就引起法国侵略者的垂涎，尤其是北部的基隆，既是一处良好的港湾，又出优质的煤，法军一旦占据此地，可解决远东舰队燃料问题。因此，法侵略者向台湾进攻，把基隆作为第一个进攻目标。1884年8月5日，法舰封锁了基隆港，摧毁清军炮台，强行登陆。10月占领基隆，威逼台湾全面，并断绝了台湾与大陆的联系，形势十分严峻。督办台湾军务的刘铭传向清廷请求增援，可当时北洋淮军诸将畏而不前，只有聂士成挺身而出，主动请战。

1885年2月，聂士成租用英国威利号轮船，率800余士卒由山海关乘船渡海，在海上历经重重艰难，绕过法军封锁线，于月底在台湾南部的卑南登陆，然后马不停蹄，于3月初到达台北，与刘铭传部会师。在刘铭传的指挥下，聂军和台湾军民密切配合，与法军展开了激烈战斗。聂士成避己所短，扬己所长，采取诱敌深入的战术，将侵略军由海上引到海边，由海边引到内陆，然后与当地民军前后夹击，重挫法军，经过多次较量，终于将侵略者赶出了台湾本土。

摩天岭之战

1894年夏，日本从仁川登陆占据了汉城，开始明目张胆地侵略朝鲜。此前，受朝鲜国王之邀，清政府派叶志超偕聂士成率两千清兵驻守于朝鲜的牙山县。日军在朝鲜建立起傀儡政权，并出动四千余人准备围歼清兵。聂士成知道形势危急，力劝叶志超退到易守难攻的成欢防守。清兵到成欢之后，聂士成决定利用有利地形打伏击战。他把兵力分成正面和左右两翼，留出四百余人作预备队，布置完成后，聂士成进行了战前动员，全军"慷慨誓师"，愿与日寇决一死战。

　　1894年7月28日，日军在探明清军退守成欢之后，主动兵分两路前来成欢寻战；29日，日军右翼部队闯过河桥。聂士成命令伏兵击敌，一阵排枪打倒数十人，日军遭伏击后不知清兵虚实，争相后撤，河桥太窄，数百人被挤到桥下淹死，清兵胜了一场。然而当左翼日军赶到之后，发现清兵人数并不多，立即发起猛攻，叶志超见日军来势凶猛，慌忙率清兵一路北逃，聂士成居后掩护，虽不能扼制清兵后逃的势头，但由于他居后阻击日军，使清兵没受到重大损失，总算逃过了鸭绿江。

　　日军打跑了清军后，又取得了平壤和黄海战役的胜利，占领了朝鲜全境，随后调集三万兵力，集结于平壤以北地区，准备从义州渡鸭绿江，侵入中国辽东地区。

　　辽东是清廷发迹之地（被称为"龙兴之地"），此地受侵无异于挖其祖坟，清政府急调各省驻军两万八千人赴辽东加强东北防务，并任命四川提督宋庆为帮办人臣，率所部驻防于九连城，命黑龙江将军依克唐阿率八旗军赴九连城协助宋庆防守。聂士成奉命与总兵马金叙驻守虎山。当时聂士成的兵力只有两千人。

　　1894年10月24日，日军发起了对辽东的进攻，驻守安平河口的依克唐阿率先弃阵北逃，日军轻易占领安平河口，开始向虎山和九连城进攻。驻守虎山的聂士成以两千人抵住了日军的进攻，而驻守九连城和安东的宋庆有一万余将士却一触即溃，虎山守军遭日军包围。聂士成奋战，使日军遭重创，然后率军突围，退守地势险要的摩天岭。

　　日军打过鸭绿江后，见清兵一触即溃，气焰嚣张，声称到奉天过年。日军兵分两路，一路企图打通正道，直通奉天；一路从析木城和海城一带迂回，逼向奉天。摩天岭地处辽东是安东通往奉天的咽喉。聂士城率本部两千余人驻守摩天岭，而敌人进攻部队达万余人。

　　11月中旬敌人进逼摩天岭。聂士成在敌强己弱的形势下，并不被动坚守，而是利用火炮进攻、巧设伏兵、智用疑兵、虚实结合、攻守兼用等来与日军周旋。他在山林中遍插旗帜，使日军不知山上兵力多寡；又派出小分队前出埋伏，打得日军措手不及，不知清兵阵地在何处。聂士成坚守阵地十余日，消灭日军数百，抵住了日军的进攻。在挫伤日军锐气之后，聂士成转守为攻，11月25日，聂士成率部进攻草河口，两面夹击敌人，歼敌一部，击毙大尉一名。次日，天降大雪，聂士成率骑兵踏雪袭击连山关，日军不知虚实，弃关而逃，清军克复连山关。日军妄图年前攻占奉天的梦想破灭了。

　　由于海城方向吃紧，清政府把大部队调往海域，摩天岭只剩下聂士成一支孤军。兵力虽单，聂士成与敌斗智斗谋，他采取巧设埋伏，诱敌深入之策，多次大败日军，每次歼敌百余人，取得了可喜的胜利。聂士成在摩天岭坚守近四个月时间，与日军恶战十余次，歼敌千余，成功地扼住了日军进攻奉天的正面道路。然而，由于其他清兵被打败，聂士成不足两千人的部队难成气候，不久，侵略者从山东打了进来，北京吃紧，聂士成接到急令，要他"星驰入关"，前去保卫北京，命令他的部队撤出东北，驻守天津的芦台。朝廷之命难违，聂士成洒泪告别东北，用鲜血守卫的摩天岭就这样丢掉了，随之辽东半岛也丢给了日本人。

保卫天津

1900年，义和团运动如燎原大火在京津和直隶北部展开，八国联军以此为借口向中国发动战争。

1900年6月，西摩尔率800多名侵略军，携带火炮，自天津向北京进军。沿途遭到义和团和清军的打击。义和团在廊坊、落垡、杨村等车站英勇抗击侵略军，迫使西摩尔不得不退回天津。在撤退至杨村北仓一带时，遭到聂士成军猛烈炮击。聂士成亲自指挥作战，侵略军受创甚重，白天不敢行军，夜间拼命狂逃。在保卫天津的战斗中，聂士成军奉命从西南面攻击租界。

7月6日，聂士成在小西门围墙土台上安置大炮，轰击租界。联军五六百人被迫跑到马场地道内潜藏，稍后复出，又被清军炮火打散。当晚，聂士成率军进驻八里台、跑马场等地，次日又攻至租界南部外侧的小营门一带，给租界内联军极大压力。

联军为解除南机器局、跑马场、八里台等处聂士成军炮火的威胁，决定集中兵力向聂士成部发动反击。7月9日凌晨3时，联军步兵1000人，骑兵150人，炮兵两个连，携带大炮9门，以日军500人为先头部队，向南进攻纪家庄一带义和团，然后由南向北攻进聂士成八里台阵地。同时，英、俄、美军则向跑马场、八里台、南机器同发起正面攻击，法军则在租界内发炮助攻。

5时半左右，联军攻占跑马场。聂军退往八里台。7时左右，联军占领跑马场后，即集中力量，从东面向八里台聂士成军进攻。同时，已攻占纪家庄的日军也从南面向北进攻八里台聂士成部。在联军猛烈的炮火轰击下，聂士成死战不退，身上七处负伤。部下拉住马缰绳，劝他撤下，聂士成奋力挣脱，决心以死殉国。部下知不可挽回，跟随聂士成冲向敌阵，聂士成身上多处中炮弹，腹裂肠出，壮烈牺牲。五日后，天津陷落。

冯子材

> 宁可获谴于台上,不可贻害于百姓。宁可终身不做官,不可一日不做人。
>
> ——冯子材

介绍

冯子材(1818—1903年),字南干,号萃亭,生于钦州,清末著名抗法将领。行伍出身,在镇压太平军的战争中立大功,被擢升为广西提督,后改任贵州提督。因弹劾广西市政使徐延旭而遭受排挤,一怒之下告老还乡,以赤足种田为乐。当法国侵略者进犯滇桂边境时,受张之洞之邀,重新出山,召集旧部再组新军,举起了抗击法国侵略者的大旗。在当地人民的支持下,冯子材身先士卒,奋勇抗敌,连续取得了镇南关大捷和谅山大捷,给法国侵略者以沉重打击。

不畏强权,疾恶如仇

嘉庆二十三年(1818年),冯子材生于广东钦州(今属广西)县城沙尾街的一个小商贩之家。父亲冯文贵、母亲黄氏早早弃世,年纪幼小的冯子材只得独自步入艰难时世,先后做过木工,在钦廉地区护送过牛帮,甚至流落街头,备受欺凌。也正是由于这段经历,形成了他疾恶如仇,不畏强悍的性格,还练出一身好武艺,为后来的军旅生活打下了基础。

冯子材早年曾因不满清政府的腐朽统治,参加了刘八领导的反清起义,不久接受招抚,投入到镇压太平军和苗民起义的队伍,因作战勇敢,屡立战功,逐步由普通士卒升任为广西提督。

镇南关大捷

1885年，法军进攻中越边境的镇南关和谅山。清军前线统帅、广西巡抚潘鼎新胆小如鼠，不战自退，一口气退到了镇南关以北一百四十里的龙州，法军占据谅山，进攻镇南关。

国难当头，冯子材率军抵达前线，由于声势浩大，军民群情激愤，法国侵略者心虚胆怯，炸毁镇南关，后退三十里。冯子材移师关前隘险要之处，利用地形，近战接敌，以己之长击敌之短。为了坚守南大门，冯子材在镇南关作了周密布置，分派部将于东西前后四个方向设防，而自己则率精兵扼守于关前隘长墙和两面高山。冯子材全军上下，同仇敌忾，准备与法军决一死战。

1885年3月11日，越南民众密报冯子材，法国准备偷袭艽葑，其线路是绕过镇南关，从西南面袭击龙州，并从北面包围冯子材的部队。冯子材闻知，经核实确认情报属实，立即命魏纲部开赴艽葑增援，同时派出一支部队设伏，准备打击从艽葑退下的敌人。

3月13日，法军如期攻艽葑，因冯子材提前加强了艽葑的防御，敌人进攻受挫后怏怏撤回，路上遭冯子材军伏击，死伤过半，溃不成军，部队散逃回驻地。

3月24日，法军进攻镇南关以示报复。为了打乱敌人的计划，冯子材于21日夜偷袭法军营地，使敌又有伤亡。

3月23日，恼怒异常的法军侵华统帅提前向镇南关发起进攻，他率领三千装备精良的法军，利用炮火优势，轰毁了东岭的两座炮台，然后在炮火掩护下以主力进攻前隘，形势险峻。冯子材置身前沿，鼓励将士，打退了敌人的多次进攻。同时，向各路相邻部队求援。冯子材部坚守至各路援军到达，扼制住敌人的攻势，在冯子材的统筹下，进攻法军老巢的文渊，切断了敌人的补给线。

  3月24日，法军大量增兵，分三路同时发起进攻，炮火异常猛烈，冯子材率军战斗在最前沿。他下令，死守关前隘长墙，后退者立即处死。法军攻到长墙前，冯子材下令，冲出长墙，与法军短兵相接，他带领两个儿子，挥动长矛，率先冲入敌群。全军将士见老将军父子身先士卒，都被感动了，个个热血沸腾，群情激昂，纷纷杀出长墙，与敌人展开肉搏，将士们怀着满腔的民族仇恨与敌激战，中国军队越战越勇，法军逐渐力不能支，最后兵败溃逃，当场毙伤法军数千人，俘虏数百人，缴获枪炮数百件。中国军队终于取得了镇南关大捷。

刘永福

  刘永福智勇双全，天纵英才，忠贞不贰，百折不挠，冒险出关（镇南关）抗法，取得成功，抗日虽然没成功，但功勋赫然，他启发了民族的思想，树立了革命的先声，可谓军人楷模，盖世英雄。

——邵镜人《同光风云录》

介绍

  刘永福（1837—1917年），字渊亭，广东钦州（今属广西壮族自治区）人，清末援越抗法名将。农民出身，当过佣工，喜练拳棒。因不满地主恶霸的欺压，参加天地会发动的农民起义，遭镇压后率两百余人逃到中越边境活动，以七星黑旗为自己的军旗，故称黑旗军，刘永福是黑旗军的最高统帅。法军侵入河内，应邀援越抗法，大败法军。曾被授为三宣副提督。中法战争爆发后,在临洮击败法军,被清政府授为广东南澳镇总兵。后调驻防台湾,与台湾人民一起抗击日本侵略军,坚决反对清政府割让台湾。

组建黑旗军

刘永福父母去世时,他还不满十岁。十岁的刘永福开始给地主家放牛,闲时还要上山砍柴或烧炭。为了生存,刘永福还到船上当佣工。饱受压榨、一贫如洗的刘永福,对清政府和富人充满仇恨。他在繁重的劳动之余,随人习拳练武,恶劣的环境造就了刘永福坚强的意志和不屈的性格。他常愤愤地说:"这世道哪有咱穷人的活路。"

刘永福二十岁时,发生了太平天国运动,刘永福和要好的弟兄们立即参加了农民起义军,开始了他的军事生涯。因作战勇敢,刘永福被提升为小头目。

1865年,刘永福率领他的两百余人,来到广西安德与另一支较小的农民起义队伍会合。刘永福对这几百人进行了改编,重新组军,选取七星黑旗为自己的军旗,在安德北帝庙举行了祭旗仪式,从此,黑旗军诞生了。旗上除七星外还有红色的"义"字,伸张正义是黑旗军的宗旨。刘永福教育部队,不要忘记自己是穷苦人出身,绝不做损害穷苦人利益的事。黑旗军纪律严明,秋毫无犯,深受老百姓的拥护。

抗击日军

1894年8月,刘永福接到新的命令,帮办台湾军务,随后他率领两个营的兵力赶赴台湾。此时,日本侵略者已经发动了甲午海战,并开始作夺取台湾的准备。刘永福深知肩负民族责任,到台湾后立即扩充军队,修整炮台,开挖工事,作抗击侵略者的准备。在当地人民的支援下，数月之内刘永福的军队扩充为八个营，共四千余人，刘永福仍自称为黑旗军。

甲午海战以中国军队的彻底失败而告终，清政府与侵略成性的日本人签订了丧权辱国的《马关条件》，条约规定：清政府割辽东半岛、台湾澎湖列岛给日本，赔偿日本军费白银二亿两。

签订《马关条约》的消息传到台湾，全岛人民痛心疾首。台北民众拥到巡抚衙门，强烈抗议政府的卖国行为。清政府命令在台湾的大小官员一律撤回大陆。刘永福却要坚决与台湾人民起抗日，他令人草拟了《盟约书》，号召联合抗日，誓保国土。台湾绅士和民众推举刘永福为民主国总统，领兵抗日。刘永福为维护民族团结和国土的统一，担起了抗日重担，但坚决拒绝民主国总统之称，也不接受"银印"，而是以清政府台湾军事帮办的身份率领台湾军民抗日。刘永福说："我不慕虚名，不做总统。我在台一日，唯有竭尽一日之心。盼诸君同心协力，共襄义举。"

为了团结台湾不同派系的抗日势力，刘永福做了大量的工作，每次战斗，他都把黑旗军放在最危险最艰难的地方；而打了胜仗，又总是归功于其他的部队，这样，刘永福就自然成了各派势力的公认统帅，形成了团结抗日的合力。在1894年8月的彰化城东战役中，刘永福指挥联军打了一场漂亮的歼灭战，毙敌千余，打死日军少将一人。在嘉义战役中，炸死敌人七百余人，敌中将重伤而亡。在台南港的保卫战中，重伤日舰两艘。

　　刘永福在外无救援、内缺装备的条件下，带领台湾军民与日军战斗了四个月，最终弹尽粮绝，黑旗军将士绝大部分战死，日军占领了台湾全岛，刘永福见此情景，凄然叹道："内地诸公误我，我误台民！"最后他只得搭英轮回到厦门。回大陆后，行将灭亡的清政府任命刘永福为广东碣石镇总兵。1911年，发生了辛亥革命，清政府灭亡，他亲眼看见了清政府的灭亡。刘永福被推举为广东民团总长。不久，告老还乡闲居，1917年病逝，结束了他曲折而不平凡的一生。